미술관
큐레이터

예술가의 속삭임을 관람객에게 들려주는

미술관 큐레이터

박현진 지음

CURATOR

MUSEUM

"
전시 안으로 들어올 수 없을 것 같은 것들을
전시장에 펼쳐놓은 사람들, 전시에 얽매이지 않는
상상력으로 전시를 넘어서는 전시를 만드는 사람들,
미술관 큐레이터입니다.
"

TALK SHOW

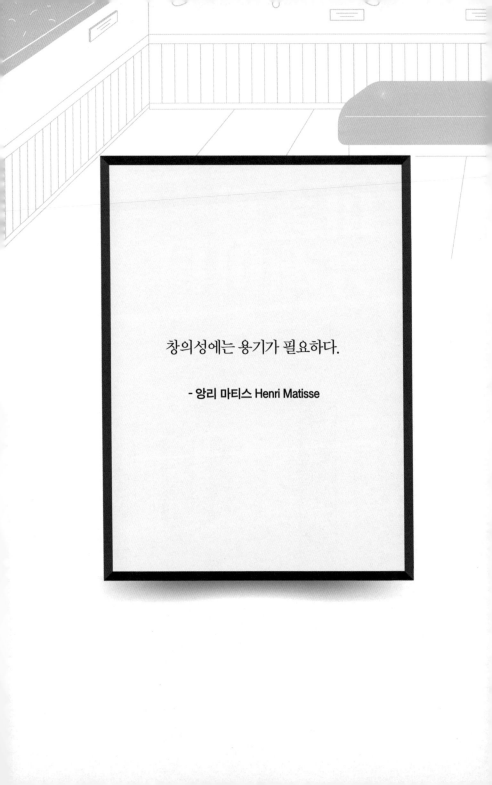

창의성에는 용기가 필요하다.

- 앙리 마티스 Henri Matisse

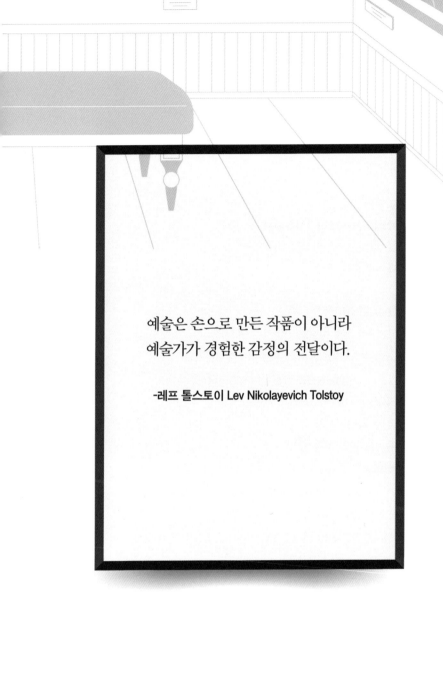

예술은 손으로 만든 작품이 아니라
예술가가 경험한 감정의 전달이다.

-레프 톨스토이 Lev Nikolayevich Tolstoy

CONTENTS

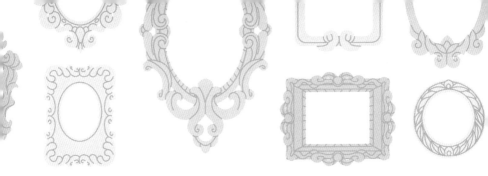

CON
TEN
TS

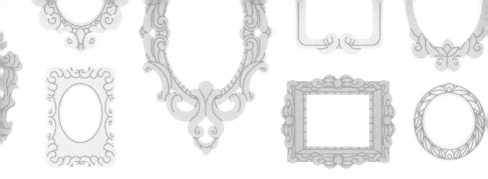

큐레이터 박현진의
프러포즈

PROPOSE

 안녕하세요. 미술관에서 학예 연구와 전시 기획을 하는 학예연구사 박현진입니다. 저의 직업은 학예연구사라고 불리며 영어로는 큐레이터Curator입니다. 저는 어릴 때부터 스케치북이나 벽면에 그림 그리는 것을 좋아했어요. 점차 성장하며 전시회나 전시 도록을 접하기 시작했고 나도 이런 전시를 기획하는 사람이 되면 좋겠다는 상상을 했죠. 그리고 지금은 이 자리에서 여러분을 만나게 되었습니다.

 많은 분들이 저에게 이 직업의 장단점이 무엇이냐고 질문해요. 그러면 저는 장점과 단점을 딱 구분하기 어렵다고 대답해요. 어떤 전시 기획도 똑같은 것은 없으므로 큐레이터는 매번 새로운 것을 공부하고 연구해야 해요. 많은 시간 공부하고 연구를 하기 때문에 지루할 틈이 없지만 그만큼 많은 에너지가 필요한 일이죠. 일반적인 회사에서 근무하다 보면 매번 비슷한 일을 반복적으로 실행하고 수행하면서 그 일의 가치에 대한 생각도 조금씩 무뎌지는 부작용이 생기기 마련이에요. 하지만 이 직업은 항상 트렌드에 민감해야 하고 새로운 것에 유연하게 대처해야 하므로 반복적이지 않고 창의적이라는 점에서 성취감이 매우 큽니다. 반면에 매 순간 새로운 것을 연구하고 창의적으로 만드는 과정은 긴장감을 유발하죠. 그런 의미에서 저는 이 직업의 장점과 단점의 시작점이 같다고 생각합니다.

이 직업은 가끔 드라마나 영화에서도 나오긴 하지만 이 업무에 관해 상세히 알기는 어려워요. 저 또한 학교 수업이나 책으로는 이 직업에 대한 정보를 찾기가 어려웠기 때문에 제가 실제 필드에서 겪고 느낀 부분들에 대한 이야기들이 이 책을 통해 여러분에게 전달되었으면 합니다. 미술관 현장에서 발생할 수 있는 다양한 에피소드들도 함께 전해드릴게요.

또한, 여러분이 참여해 볼 수 있는 글을 함께 수록했어요. 큐레이터와 전시 기획에 관심이 있는 청소년이라면 미술관 큐레이터에 관한 이해를 확장하는 좋은 경험이 될 것입니다. 이 책을 통해 앞으로 여러분의 신선한 생각을 미술관의 전시로 무한히 탄생시킬 수 있기를 바랍니다.

미술관과 문화예술을 사랑하는 여러분을 모두 환영합니다!

첫인사

편 토크쇼 편집자

박 박현진 큐레이터

편 안녕하세요. 큐레이터라는 직업을 청소년에게 소개해주실 분을 모셨습니다.

박 안녕하세요. 저는 수원시립미술관에서 전시 기획과 학예 연구, 그리고 미술관에서 여는 각종 프로그램을 기획하고 있는 학예연구사 박현진이라고 합니다. 미술 분야 근무 경력은 13년 정도 되었고, 수원시립미술관에서는 학예연구사로 10년째 일하고 있어요.

편 학예연구사라고 소개해 주셨어요.

박 저의 직업명은 학예연구사이고, 줄여서 학예사라고 해요. 영어로는 'Curator'라고 하고요. 미술관이나 박물관에서 전시, 교육, 소장품 관리 등, 박물관이나 미술관에 관한 모든 것들을 연구, 기획하고 관리하는 직업을 말하죠. 외국에서는 미술관과 박물관을 명확하게 구분하지 않고 모두 큐레이터라고 하는데 우리나라는 미술관과 박물관을 구분하는 경향이 있어요. 그래서 큐레이터라고 하면 박물관보다는 미술관 학예사를 지칭할 때가 많아요.

편 학예사님은 미술관에서 어떤 일을 주로 하시나요?

박 저는 미술관에서 지금까지 다양한 전시 기획 및 도록을 발간하며 전시 콘텐츠 연구를 지속해 왔어요. 주로 미디어 연구나 국제교류에 관심이 있어서 그쪽 관련한 일을 많이 했어요. 여러 전시가 스쳐 지나가지만 그중에서 몇 가지를 이야기해 볼게요. 먼저 예술과 가상현실(VR)을 접목한 2016년 기획전《이상한 나라의 앨리스, 가상현실》은 익숙한 동화에 스토리

2016년 기획전 전시 설명

예술가의 속삭임을 관람객에게 들려주는
미술관 큐레이터

🖼 2017년 기획전 전시 설명

를 입혀 관람객이 쉽게 접근할 수 있도록 기획했어요. 2017년
도에는 사회와 개인을 위한 디자인의 의미를 살펴보는《공공
연한 디자인》전시를 기획하여 전시와 공간의 경계를 허무는
시도를 했어요. 가상 속 스크린의 이미지를 수동적으로 소비
하는 우리의 모습에 주목한 전시로 현대 사회 이슈를 전시실
로 끌고 들어온 기획전《당신의 하루를 환영합니다》도 기억에
남네요. 전시 제목 '당신의 하루를 환영합니다'는 우리가 전자
기기를 켤 때 보이는 'Welcome'을 은유적으로 표현한 거예요.

긍정적인 의미와 부정적인 의미를 모두 담고 있죠.

편 국제교류에 관심이 많다고 하셨어요. 어떤 전시를 기획하셨나요?

박 제가 국제교류나 협력에도 관심이 많아요. 그래서 다양한 해외 전시를 기획하고 실행한 경험이 쌓이게 된 것 같아요. 그 중에서 2019년 미국의 대표 미디어 작가 게리 힐Gary Hill의 초기부터 최근 작품까지 소개하는 대규모 전시인《게리 힐: 찰나의 흔적》을 기획했죠. 작가의 초기 작품은 국내에서 보기 힘들기 때문에 타 문화예술 기관(스페인, 프랑스, 미국)과의 협의를 통해 그곳의 소장품들을 대여해 전시했었죠. 2021년도에는 한국과 네덜란드 수교 60주년을 기념하여 주한 네덜란드 대사관과 미술관이 협력 추진하는 국가 '국제교류사업' 일환으로 네덜란드 대표 사진작가인 어윈 올라프Erwin Olaf의 전시,《어윈 올라프: 완전한 순간-불완전한 세계》를 개최했어요. 이 전시는 특히 2022년 8월에 국립대만미술관 요청으로 2021년 전시 기획 그대로 대만에서 재전시를 했던 것으로 저에게는 특별히 기억에 남는 전시예요. 당시 전 세계가 코로나로 힘든 시기였지만 제가 기획했던 전시를 타국의 요청으로 그곳에 방문하여 기획하고 감독해서 한번 더 개최할 수 있어서 매우 뜻 깊었

🖼 2021년 전시 인터뷰

죠. 그리고 미술관에 방문하는 관람객의 변화를 크게 느꼈던 전시는 2022년도에 기획한 《에르빈 부름: 나만 없어 조각》인데요. 에르빈 부름Erwin Wurm은 오트스리아 현대 미술가이자 조각가로 전 세계적으로 많은 사랑을 받고 있는 작가예요. 이 전시를 기획할 때 3부의 공간 중 1개의 섹션은 관람객이 작가의 지시문을 읽고 참여해야만 완성이 되는 공간으로 기획했죠. 대부분의 관람객은 감상자로만 미술관을 방문하기 때문에 이 공간이 관람객에 의해 채워질 수 있을까 고민이 많았어요. 하지만 저의 걱정과는 달리 많은 관람객이 줄 서서 기다릴 만큼 참여도가 높았고 '관람객은 더 이상 작품의 감상자가 아니구나'를 확실히 깨닫는 계기가 되었죠. 이제 전시는 관람객과 상호 작용을 하는 공간이 된 거죠.

편 요즘엔 '이런 전시도 미술관에서 해?'라는 생각이 들 정도로 파격적인 전시도 열리는 것 같아요. 실제로 이런 시도를 많이 하고 있는 건가요?

박 미술관에서는 그림만 전시하는 곳 아니냐고 생각하는 사람들이 아직도 많아요. 이런 생각이 근거 없는 것은 아니에요. 실제로 미술관이 그림 전시만 하는 곳이었던 때도 있었어요. 그런데 요즘엔 미술관이라는 공간을 다양하게 활용하고 있어요. 완성된 작품을 콘셉트에 맞게 배치해서 관람객에게 선보이는 것도 하지만, 전시장 자체를 하나의 작품처럼 만들기도 해요. 전시장 밖에서 만들어진 작품을 가져오는 게 아니라 전시장 안에서 직접 설치물을 만드는 거죠. 그에 맞게 전시장을 꾸며서 전시장 자체가 하나의 기획전시로 완성되는 거예요. 또 설치와 체험이 가능한 전시들이 요즘엔 성행하고 있죠. 앞에서 소개했던 2016년의《이상한 나라의 앨리스, 가상현실》전시 기획을 조금 더 이야기해 볼게요. 전시를 기획할 때 가상현실(VR)의 개념을 전시로 담아내고 동시에 관람객이 함께 참여할 수 있는 공간도 있으면 좋겠다고 생각했어요. 요즘은 VR, AR은 흔한 용어가 되었지만 2016년도에는 새롭게 등장한 흥미로운 개념이라 전시로 어떻게 풀어낼지 고민을 했어요. 이 전시는 동화 속 주인공 '앨리스'가 가상현실로 진입해 익숙하지만 낯선 환경을 경험할 수 있도록 여러 작가의 다양한 작품을 통해 보여주도록 구성했어요. 그중에서 독일 작가인 카리나 스미글라-보빈스키Karina Smigla-Bobinski의 작품 〈ADA〉는 커다란 하얀 박스 안에서 투명한 3미터 크기의 공을 굴리면서 관람객 참여를 유도했어요. 내부에는 헬륨과 공기를 채워 새하얀 공간을 두둥실 떠다니게 만들고 커다란 공의 겉면에는 수많은 목탄이 달려있었죠. 이 작품은 작가의 창작으로 완성되는 것이 아니라 시간의 흐름과 관람객의 참여로 함께 완성되는 구조였어요. 따라서 관람객은 더 이상 작품의 감상자만이 아니라 동시에 공동 창작자가 되는 거예요.

편 미술 하면 자동으로 떠오르는 것들이 회화나 조각, 공예와 같은 것이었는데 요즘 전시는 예전에 비해 매우 다양한 형태로 열리고 있네요.

박 확실히 전시할 수 있는 분야가 넓어지고 있어요. 미디어, 디자인 등도 전시하고 여러 매체를 결합한 융복합 전시도 열리죠. 야외에만 있을 것 같은 정원도 전시장 안으로 들어왔고요. 앞으로는 더더욱 다양한 콘텐츠를 활용한 전시가 열릴 거예요. 지금은 상상할 수 없는 것도 미래의 어느 시점에는 전시의 영역으로 들어올 것 같아요. 그래서 큐레이터가 되고 싶은 청소년이라면 지금 열리고 있는 전시를 넘어서는 전시가 가능하다는 걸 예상하고 준비하면 좋겠어요. 앞으로는 훨씬 다양한 콘텐츠를 전시의 영역에서 만날 수 있을 거예요. 그러니까 현재 규정되어 있는 것들에 얽매이지 않는 상상력이 필요하겠죠. 지금보다 더 다양한 매체를 활용한 전시도 가능하고 지금은 '이런 게 어떻게 전시장에 들어가겠어'라고 포기하는 것들이 전시 안으로 들어올 수도 있고요. 그러니 다양한 가능성을 열어두고 어떤 전시를 할 수 있을까 상상을 해 보는 게 좋을 것 같아요.

[편] 여기까지만 들어도 전시가 다채롭게 변화하고 있다는 것을 알 수 있었어요. 보기만 하는 전시에서 관람객이 참여하고 즐기는 전시, 창의적이고 독특한 전시, 관람객과 공감하는 전시를 만드는 직업이 바로 큐레이터인데요. 이제 그 흥미로운 직업의 세계로 들어가 보겠습니다.

미술관과
큐레이터

큐레이터는 무슨 일을 하나요

[편] 큐레이터가 하는 일은 무엇인가요?

[박] 큐레이터(학예사)라는 직업을 검색해 보면 박물관이나 미술관에서 관람객을 위해 전시회를 기획하고 작품을 수집하며 관리를 담당하고, 관람객들에게 소장품이나 자료에 대한 이해를 돕기 위해 교육 프로그램을 개발하고 실행하고, 소장품과 관련된 학술적인 연구 업무를 수행하고, 소장 작품의 경우 훼손되지 않도록 관리를 담당한다고 되어 있어요. 이 설명은 현실과 좀 차이가 있어요. 학예사라는 직종이 할 수 있는 일을 모두 포괄한 것으로 이 모든 일을 학예사 한 명이 담당할 수 있는 게 아니에요. 역할이 나뉘어 있고 아예 전문적으로 담당하는 분야가 있기도 해요.

[편] 담당 분야가 따로 있고 그에 따른 전문성도 요구되기 때문에 학예사가 되고 싶다면 분야를 정해서 진로를 준비할 필요가 있겠네요.

[박] 네, 그렇죠. 저는 주로 전시를 기획하고, 기획한 전시와 관련한 연구를 진행하고, 전시에 맞는 프로그램을 개발하고 실행하는 일을 해요. 작품을 구입한다거나 소장품과 관련한 업무는

가끔 할 때도 있지만 소장품 전문 학예사가 주로 담당해요.

📩 큐레이터라고 하면 떠오르는 이미지가 있어요. 전시회가 시작되는 날 단정하게 차려입고 이 전시는 어떻게 기획되었고, 어떤 작품들이 있으니, 어디에 중점을 두고 관람해 달라는 이야기를 하고 박수를 받는 거죠.

📩 전시 개막식에는 방송사에서 촬영을 나오는 경우가 많아요. 여러 문화 프로그램에서 전시회를 소개하기 때문에 개막식을 촬영한다거나 학예사와 인터뷰할 때가 있어요. 이때는 최대한 깔끔한 모습을 하고 나가요. 저뿐만 아니라 미술관을 보여주는 거니까 제가 단정하지 않은 모습으로 있을 수는 없죠. 사실 전시회를 준비하는 과정은 정말 힘들어요. 실제로 개막식 날 새벽까지 세팅을 하고 집에 들어가서 잠깐 쉬었다가 나오는 경우도 있어요. 그리고 기자간담회와 개막식을 해요. 사실 기자들이나 시청자들은 저의 그런 사정을 모르고 화면에 나오는 모습만 보는 거죠.

2019년에 해외 작가 전시회를 열었을 때예요. 개막식 전날 전시 준비가 모두 마무리되었는데 작가가 전시장을 떠나지 못하시는 거예요. 연로한 분이셨는데 외국에서 개인전을 여니까 감격하신 것 같았어요. 그 감격에 피곤함도 모르고 전시장 안

에 머무셨던 거죠. 작가가 안 가는데 제가 어떻게 집에 가겠어
요. 결국 새벽 3시쯤에 숙소로 가셨어요. 마지막 정리하고 집
에 가서 두 시간 자고 옷 갈아입고 나오니까 아침 8시였어요.
아침 11시에 기자간담회가 있었거든요. 깔끔한 정장차림으로
기자들을 맞이하고 작가와 함께 간담회를 했어요. 몇 시간 전

까지 전시장에서 흐트러져 있었던 모습과는 딴판이었죠.

그래서 큐레이터에 관심이 있다면 학교에서 배우는 이론도 적용되지만 이런 것 외에도 생각보다 실무적인 부분이 굉장히 많이 추가가 되고, 다양한 분야의 사람들과 소통할 일이 많다는 것을 알고 준비해야 할 것 같아요.

🖼 2024년 전시 개막식

🖼 2021년 전시 인터뷰

미술관 큐레이터와 박물관 큐레이터는
어떻게 다른가요

[편] 큐레이터라고 하면 어디서 일하건 비슷한 일을 하지 않을까 생각했는데 일하는 곳에 따라 하는 일이 다르다고 얘기하셨어요. 미술관 큐레이터와 박물관 큐레이터는 어떻게 다른가요?

[박] 유럽에서는 박물관과 미술관을 모두 'Museum'이라고 해요. 그래서 이름만으로는 박물관인지 미술관인지 구별이 어려운 경우도 있어요. 우리나라는 이 둘을 명확하게 구분하고 있어요. 박물관은 역사적 사료를 포함해 역사적·학술적 자료를 종합적으로 모아 전시하는 곳으로, 미술관은 순수미술·현대미술 등 주로 미술 작품을 기획 전시하는 곳으로요. 미술관은 '미술 박물관'의 약칭이에요. 예술 작품을 소장하고 전시하는 전문 미술 박물관인 거죠. 루브르 뮤지엄을 우리나라에서는 박물관으로 부르는데요. 좀 더 정확하게 번역하면 루브르 전문 미술 박물관으로 미술관에 가깝죠. 이집트 유물, 근동 유물, 로마 유물, 이슬람 미술, 조각, 회화, 판화와 소묘, 이렇게 8개 부문의 예술 작품들을 총 38만 점 이상 소장하고 있어서 이곳을 박물관, 미술관 둘 다로 번역해도 틀린 것은 아니에요. 왜냐

예술가의 속삭임을 관람객에게 들려주는
미술관 큐레이터

하면 외국은 미술관과 박물관을 뚜렷하게 구분하지 않거든요. 반면에 우리나라에서는 근현대적 의미의 순수 예술품을 전시하는 곳을 '미술관'이라고 하고, 근대 시기 이전의 유물들을 전시하는 곳을 '박물관'이라고 부르며 두 기관의 역할을 구분하고 있어요. 학예사가 어디 소속이냐에 따라 하는 일도 완전히 달라져요.

편 박물관 소속인가 미술관 소속인가에 따라 하는 일이 달라진다는 말씀인가요?

박 큐레이터라고 통칭하지만, 각자의 전문 분야에 따라 하는 일이 달라요. 박물관에서는 사학이나 고미술 관련한 전공자 위주로 채용한다면, 미술관은 현대미술과 관련한 이론 전공이나 예술학, 그 밖의 다양한 순수 예술 분야 전공자를 많이 뽑아요. 일의 분야가 달라서 박물관 큐레이터가 미술관으로 이직하거나 그 반대의 경우는 거의 쉽지 않아요. 박물관은 오래된 유물을 많이 소장하고 있어서 학예사의 일 중 하나가 유물을 잘 보존하고 연구하는 거예요. 보관할 때도 유물이 훼손되지 않도록 하는 게 중요하고, 전시 방법도 보존에 초점을 두기 때문에 그림이 대부분 유리 액자 속에 있고, 다른 유물도 유리 상자를 사용하는 경우가 많아요. 온도와 습도도 맞추고 유물이 손상되지 않도록 조명도 조절해요. 반면에 미술관은 근현대 미술 작품들을 주로 전시하기 때문에 작품을 다양한 방식으로 연출하여 전시하고 조명도 다르게 할 수 있죠. 대신에 보존보다는 전시 기획과 관련된 일들이 훨씬 많아요. 자료 조사부터 작가와의 미팅, 전시를 어떻게 기획할지 아이디어를 제시하고 전시를 여는 일이 중요하죠. 전시 준비를 할 때도 박물관과 미술관은 차이가 있어요. 박물관의 작품들은 대부분 유물이거나 기증받은 작품들이 많기 때문에 생존하는 작가의 저작권이 거의 없어요. 그런데 미술관에서 전시하는 작품들은 작가가 생존해 있거나, 돌아가셨다고 해도 유족에게 저작권이 있는 경우가 많아요. 그래서 전시를 기획하려면 저작권 협의가 정말 중요한 일 중 하나예요. 이렇듯 큐레이터가 어디에서 일하건 공통으로 하는 일도 있지만 소속에 따라서 일의 분야가 다르기도 해요.

편 생각해 보니 박물관의 유물 전시는 조명도 거의 비슷하고 유물에 유리관이 대부분 씌워져 있었던 것 같아요. 미술관은 전시마다 다 다른 특성이 있었고요. 저작권 문제도 다를 수밖에 없겠어요.

박 많이 다르죠. 저희는 리플릿에 이미지를 삽입할 때도 작가나 저작권자의 허가를 받아요. 기념품이나 아트 상품 만들 때도 작가와 무료로 한다거나 수익은 얼마를 나눠준다고 협의하고요. 그런데 박물관은 저작권 문제가 없으니까 그런 논의 자체가 거의 필요 없죠. 예전에 박물관만 있는 어느 도시에서 미술관을 짓기 위해 박물관 학예사를 보내 자문한 적이 있어요. 저희와 얘기하다가 저작권 문제가 나오니까 많이 놀라더라고요. 박물관에서는 유물의 이미지를 사용해 여러 가지를 제약 없이 할 수 있으니까 미술관도 그럴 줄 알았던 거예요. 만약 미술관에서 작품을 무단으로 사용하면 저작권 소송이 걸리고 여러 가지 문제가 생기죠.

편 학예연구사라는 직업명은 같지만, 소속이 어디인가에 따라 업무가 다를 수 있다는 게 이해가 되네요.

박 박물관 학예사와 미술관 학예사는 거의 다른 직업이라고 생각해도 될 것 같아요. 전공 분야도 다르고 학예사가 되기 위해 준비해야 할 것도 달라요. 결정적으로 박물관 학예사가 미술관으로 오거나 반대로 미술관 학예사가 박물관으로 이직하는 건 거의 불가능해요. 분야가 완전히 다르기 때문이에요.

[편] 미술관 큐레이터 안에서도 담당하는 미술의 분야가 정해져 있을까요?

[박] 현대미술은 회화, 공예, 미디어, 디자인 등 표현할 수 있는 매체가 매우 다양해요. 미술이라는 게 하나로 모이는 예술이 아니고 지금도 분화하고 있는 상태라 한 사람이 모든 매체를 담당할 수는 없어요. 그래서 대체로 담당하는 분야가 정해져 있는 편이에요. 저는 국제전 위주의 전시를 담당하고 있어요. 1년에 한 번은 해외 작가전을 기획하고 미디어와 디자인 전시도 해요. 또 여러 매체를 결합한 전시를 융복합 전시라고 하는데 주로 그런 분야의 전시를 맡고 있어요.

국공립미술관과 사립미술관은 어떤 차이가 있나요

편 국공립미술관과 사립미술관은 어떤 차이가 있나요?

박 국공립미술관과 사립미술관은 운영 방식, 자금 조달, 목적 등에서 차이가 있어요. 국공립미술관은 주로 정부나 지방자치단체의 자금 지원을 받고 수익을 목적으로 하지 않기 때문에 대체로 입장료가 낮고 무료일 때도 있어요. 반면에 사립미술관은 개인, 재단, 기업 등의 민간 자금으로 운영돼요. 기부금이나 후원금으로 운영하는 곳도 있고요. 국공립미술관에 비해 입장료가 비교적 높은 편이죠. 운영 목적도 다른데요. 국공립미술관은 예술 교육과 문화 보급을 주요 목적으로 하므로 지역 사회에 예술을 제공한다는 의미가 강하고 문화적 복지 향상을 목표로 하죠. 더 많은 사람들이 예술을 접할 수 있도록 다양한 교육 프로그램과 전시회를 제공해요. 사립미술관은 사회에 공헌할 목적으로 세운 곳도 있고 상업적 목적으로 세운 곳도 있어요. 상업적 목적이라면 예술가와 작품을 홍보하고 판매하는 데 중점을 둘 수도 있어요. 소장품과 전시에서도 두 미술관은 차이를 보이죠. 국공립미술관은 다양한 시대와 매체의 작품을 전시하는 데 중점을 두지만, 사립미술관은 개인이나 단체의 소장품을 전시하는 경우가 많고 전시도 특정 예술가, 장르, 시대 등에 집중하는 경향이 있어요. 때로는 독창적이고 실험적인 전시를 기획하기도 하고요.

편 운영 방식이나 목적 등에서 꽤 차이가 있네요.

박 가장 큰 차이는 운영 방식이에요. 국공립미술관은 1년 동안 사용할 수 있는 예산이 정해져 있어요. 국립미술관은 국회에서, 도립미술관은 도의회에서, 시립미술관은 시의회에서 예산을 승인하고 감사도 하죠. 달리 얘기하면 예산 승인을 먼저 받고 전시 준비를 해야 하기 때문에 전시의 본격적인 준비 기간이 길어야 1년 정도예요. 1년이면 할 수 있는 것도 많지만 할 수 없는 것도 있어요. 미술계에도 인기 작가가 있어요. 이 작가들의 전시회를 열려면 꽤 오래전에 섭외해야 해요. 이미 3~4년 치 전시회 스케줄이 꽉 차 있기 때문이에요. 그런데 국공립미술관은 최종 예산 승인 후 최대로 길어야 1년 전에 전시를 기획할 수 있는데, 그때는 이미 늦은 경우가 많죠. 설령 작가를 섭외할 수 있다고 해도 예산을 맞출 수 있을지도 모르는 일이에요. 시립미술관의 예산은 모두 시의회의 승인을 받아야 한다고 했잖아요. 물론 한 해에 얼마를 써야 한다고 딱 정해진 것은 아니지만 전시회 비용이 많이 필요할 것으로 예상되면 그게 승인된다고 확신할 수도 없어요. 그래도 유명 작가들의 전시회를 열고 싶은 마음에 기획안을 올려보기도 하지만 작업이 진행되는 게 쉽지 않아요. 국공립미술관은 공공기관으로 거쳐야 할 절차가 있기 때문이에요.

　반면에 사립미술관은 운영하는 주체의 결정에 따라서 몇 년 동안의 전시계획을 미리 세울 수 있어요. 규모가 큰 리움이나 아모레퍼시픽 미술관도 그렇고 소규모 사립미술관도 운영 주체의 의지가 있거나 내부 회의에서 '이 작가 전시회는 꼭 해야겠다'는 결정을 하면 실행할 수 있어요. 원하는 작가의 스케줄에 맞춰서 올해 안 되면 내년에, 내년에 안 되면 후년에 하기로 기다리는 거죠. 예산도 융통성 있게 사용할 수 있기 때문에 3~4년 이후의 전시계획도 수립할 수 있어요.

편 국공립미술관은 트렌드에 민감한 전시회는 어렵다는 의미인가요?

박 국공립미술관은 예산이 확정되어야 전시 세부 기획을 할 수 있어요. 국립미술관은 국회에서 문화체육관광부 예산을 확정하고, 도립미술관은 도의회에서, 시립미술관은 시의회에서 예산심의를 거쳐 의결해요. 국가와 도, 시는 다음 해의 예산만 결정할 수 있어요. 그래서 저희는 전년도에 이런 사업을 하려고 한다고 관계자분들께 미리 공유하고 설명을 드려요. 예산

안심의를 할 때 고려해달라고 하지만 시의 예산 상황이나 그 해 중점 사업을 어디에 두느냐에 따라 미술관이 받을 수 있는 예산이 달라질 수 있어요. 그래서 예산이 확정되기 전에는 프로젝트를 실행할 수 없다는 한계가 있어요. 아무래도 모든 일에는 행정적인 절차가 우선 수반되어야 하니까 즉각적인 결정이 어렵긴 하죠. 그렇다고 국공립미술관이 트렌드에 맞는 전시 개최를 하지 못한다는 것은 아니에요. 여러 가지 조건이 맞으면 충분히 가능해요.

편 사립미술관이나 갤러리에서 일하는 큐레이터도 있을 텐데요. 국공립미술관에서 일하는 큐레이터와 다른 점이 있을까요?

박 사립미술관은 운영 주체나 관장의 개인 의사에 따라 운영되기 때문에 학예사가 하고 싶은 전시가 있어도 하지 못하는 경우가 있어요. 또 갤러리에서 일하는 경우는 미술품을 판매하거나 입장료 수익을 올려야 한다는 부담감도 있을 수 있죠. 그런데 국공립미술관은 국민/시민 복지의 차원에서 운영하는 곳이라 다양한 전시를 기획해서 관람객이 문화예술을 경험하고 배울 수 있는 열린 미술관을 목표로 해요. 그런데 갤러리 같은 경우는 작품 판매를 하는 곳이라 부담도 있다고 하더라고요. 반면에 국공립미술관은 행정적인 일이 많아요. 예산심의와 감사에 대비한 일들이죠. 둘 다 장단점이 있으니 잘 생각해서 본인의 성향에 맞는 것을 선택하면 될 것 같아요.

미술관에서는 또 어떤 사람들이 일하나요

편 미술관에는 다양한 분야의 전문가들이 필요한 것 같아요. 또 어떤 사람들이 일하고 있나요?

박 미술관에는 전시 기획 전문가인 학예사뿐 아니라 홍보 전문가, 교육 전문가, 행정 전문가, 시설 전문가 들이 각 부서에서 일하고 있어요. 미술관의 규모에 따라 약간의 차이가 있을 수는 있죠. 규모가 작은 미술관은 교육팀이나 홍보팀이 따로 없을 수도 있어요. 이런 경우는 학예사가 직접 홍보와 교육을 함께 운영하기도 해요. 이건 장단점이 다 있는 것 같아요. 여러 팀이 있는 경우 학예사는 자료를 다 정리해서 각 팀에 전달해야 하고 이해를 돕기 위해 소통하는 시간도 필요해요. 대신에 결과물이 훨씬 더 전문적으로 나오겠죠. 반면에 학예사가 홍보와 교육을 다 담당할 때는 자료를 정리하고 소통하는 시간을 줄일 수 있다는 장점이 있지만 홍보 효과를 극대화하지 못하는 단점이 있는 거죠. 교육 프로그램도 마찬가지로 학예사는 기본적으로 교육 프로그램을 만들 줄 알지만 교육 학예사처럼 생애주기에 맞는 전문적인 교육 프로그램은 못 만들겠죠. 그래서 국공립미술관은 전시 기획을 담당하는 학예팀과 별도의 홍보팀, 교육팀이 따로 있어서 각자 전문 분야를 담당해요.

편 전시와 관련해서 또 어떤 사람들과 협업하시나요?

박 하나의 전시를 완성하기 위해서 저희가 소통해야 할 사람이 정말 많아요. 그중에 영상 관련한 분들도 있죠. 전시회가 개막하기 전에 호기심 유발Teaser 영상을 만들어요. '개봉 박두'해서 관람객들의 흥미를 끌고 전시회 일정도 알리는 영상이에요. 티저 영상은 전시회 개최 작업하는 모습을 촬영하고 스케치하는 식으로 구성해서 호기심을 자극할 수 있도록 만들어요. 또 작가와 사전 인터뷰한 내용으로 홍보 영상을 만들기도하고, '전시 언박싱' 영상도 제작해요. 전시가 다가올수록 다양한 홍보 영상을 마련해 미술관 홈페이지와 SNS에 올리죠. 홍보물에 필요한 영상은 모두 홍보팀에서 촬영하는 건 아니에요. 학예사들도 틈틈이 전시 준비 과정을 촬영해서 홍보팀에제공하는 등 서로 긴밀하게 협조해요. 전시 중에도 홍보팀은관람객의 흥미를 끌기 위한 홍보 영상을 새로 만들어서 올려요. 지금 이런 전시가 진행되고 있으니 보러 오라고요. 이런 홍보 작업은 학예사 혼자만으로는 어려워요. 교육 학예사나 홍보팀 등 여러 전문성을 가진 분들이 함께해야 유기적으로 만들어갈 수 있어요.

편 소장하는 미술품이 훼손되었을 때 복구하는 일도 미술관에서 자체적으로 하는 건가요?

박 규모가 큰 국공립미술관은 보존수복팀이 따로 있어요. 미술관에는 다양한 소장품이 있거든요. 전시하지 않을 때는 수장고에 보관해요. 그런데 전시 중이나 보관 중 작품에 문제가 생겨 훼손되는 경우가 있어요. 조각의 일부가 떨어져 나갔다거나 페인팅이 벗겨졌다거나 하는 등의 문제들이죠. 우리나라의 국가기관인 국립중앙박물관이나 국립현대미술관은 소장품이 많기 때문에 보존수복팀을 따로 두고 있어요. 그 외의 미술관에서는 소장품이 훼손되었을 때 보존수복 전문가에게 의뢰하고 그분들이 미술관으로 출장을 나와서 진단하고 작품을 보존수복해 줘요.

편 보존수복을 전문으로 하는 학예사가 따로 있다는 말씀이죠?

박 저를 비롯한 미술관 학예사는 대부분 전시 기획을 담당하고 미술관 소장품을 관리하죠. 그런데 보존수복은 또 다른 전문적인 분야예요. 유럽은 박물관과 미술관의 역사가 길기 때문에 규모가 큰 박물관은 보존수복만 전문으로 하는 큐레이터를 두고 있어요. 보존수복도 모든 미술품을 한 사람이 다 하는 건 아니에요. 조각을 담당하는 사람, 회화를 담당하는 사람이 따로 있고 그 안에서 시대에 따라 전문 분야가 나뉘기도 해요. 예를 들어 어떤 회화작품에 초록색이 벗겨져 수복해야 한다면 먼저 제작 연도를 본대요. 시대에 따라 연도에 따라 색의 원재료인 안료가 다르기 때문이에요. 초록색이라고 무턱대고 현재 사용하는 물감으로 칠하면 안 되는 거죠. 회화를 전문으로 하는 수복 전문가는 화학을 잘해야 한다고 들었어요. 그림이 제작된 시간의 색이 가진 상태와 최대한 가깝게 만들어야 하니까요.

편 전시회에 가면 요즘엔 전시 설명을 하는 분들이 있어요. 이것도 큐레이터가 담당하는 일인가요?

박 큐레이터가 전시 설명도 하는 걸로 아는 사람들이 의외로 많아요. 미술관 등에서 관람객들에게 전시를 설명하는 분들을 도슨트 Docent라고 해요. 저희는 개막식 당일만 전시 설명을 하고 그분들을 교육하는 업무를 하죠. 전시마다 큐레이터가 의도한 바가 다 있어요. 그걸 관람객에게 잘 전달하는 게 중요한데, 그 역할을 도슨트가 하는 거예요. 요즘엔 도슨트라는 직업이 전문화하고 있어요. 도슨트 선생님들은 모여서 큐레이터가 제공한 자료를 바탕으로 학습하고 준비하는 시간을 가져요.

🖼 2024년 전시 설명

전시회가 막 시작될 때는 좀 긴장되는지 딱딱하고 어색하다가 한 달쯤 지나 익숙해지면 얼마나 재미있게 말씀하시는지 빠져들면서 듣게 돼요. 제가 준비한 전시라 내용을 다 아는데도 정말 재미있어요. 도슨트는 하루에 두세 번 정도 시간을 정해두고 운영해요. 도슨트 운영 시간에 맞추지 못하는 관람객을 위해 오디오 가이드도 운영해요. 휴대폰으로 큐알코드를 찍으면 오디오로 해설을 들을 수 있는 거죠. 도슨트 해설은 그분들이 만들어내지만 오디오 가이드의 문구는 저희가 만들어요.

🖼 2024년 전시 설명

또 초청장, 리플릿, 전시장 벽면 시트 등에 들어갈 문구 같은 것들도 다 큐레이터가 작성해서 그래픽 디자이너에게 보내고 디자인이 나오면 시안과 내용을 검토하는 일도 하죠. 요즘엔 전시 서문과 작품에 대한 내용들은 한글과 영어를 병기하고 있어요. 영어로 번역하는 것은 전문 번역가에게 맡기지만 번역한 내용이 맞는지, 오탈자는 없는지, 고유명사는 잘 표기했는지 등을 검토하는 것도 큐레이터의 일이죠. 그리고 전시장에 있는 설명 글 작성과 작품 옆에 있는 명제표 구성은 당연히 저희가 하는 일이에요.

미술관 큐레이터의 업무

전시 준비의 시작은 기획

편 전시 준비를 할 때 가장 먼저 하는 일은 무엇인가요?

박 기획을 먼저 해요. 미술관마다 가진 특성이 있고 추구하는 의제가 있어요. 전시 기획안을 마련할 때는 그것을 따라야 하죠. 여러 명의 학예사가 각자 다른 주제로 전시 기획을 한다면 그 미술관이 가진 특성이 없어지잖아요. 그래서 큰 의제에 포함되는 기획을 하는 게 중요해요. 이런 큰 틀 안에서 방향성을 정하는 것이고 회화나 판화, 조각, 공예, 디자인, 사진 등 다양한 매체 중에서 어떤 매체로 어떤 작가의 작품을 전시할 것인가도 고민해요. 기획하는 시기도 미술관에 따라 달라요. 시립미술관은 공공 문화시설이기 때문에 그에 맞는 기획이 필요해요. 기획할 때는 1년 동안 미술관에서 여는 모든 전시회를 다른 학예사들과 함께 논의하며 계획해야 해요. 기획은 학예팀 내부 회의와 외부 위원회 등을 거쳐 결정해요.

편 기획할 때 중요하게 다뤄야 하는 것은 무엇인가요?

박 기본적으로 기획은 연구를 바탕으로 해요. 여러 작가의 작품이나 주제를 연구한 다음에 전시의 가장 큰 틀을 잡아요. 예를 들면, 주제는 환경이나 인구 문제처럼 동시대에 가장 트렌

🏛 2024년 전시 추진을 위한 프랑스 출장

예술가의 속삭임을 관람객에게 들려주는
미술관 큐레이터

디한 것이 될 수도 있고, 미술사적으로 중요하게 여기는 미술
사조에서 파생될 수도 있어요. 또 필요하다면 교육적인 측면
을 고려해 전시의 방향을 잡기도 해요. 예술을 향유하는 사람
만을 위한 전시가 아니라 대중에게 다가가는 미술이 되기 위
해 동시대 이슈를 가장 큰 주제로 잡고 전시 기획을 하고 있어
요.

편 전시 기획을 할 때 어떤 전시회를 언제 열 것인가도 고려
하는 건가요?

박 전시를 기획하고 개최 시기를 선정할 때 관람객의 수요층
도 반영해야 해요. 방학 시즌에는 무거운 전시보다는 아이들
이 와서 즐겁게 관람할 수 있는 전시를 위주로 배치해요. 단순
히 즐거운 전시처럼 보일지 모르지만, 그 기획에는 큐레이터
가 관람객에게 전하고 싶은 다양한 메시지가 숨어있어요. 미
술관은 일반적으로 상설전과 기획전 이렇게 두 가지 전시를
해요. 기획전은 3~4개월마다 교체가 되는 데 반해 상설전은
짧게는 6개월, 길게는 1년짜리도 있어요. 상설전을 배치하는
이유는 기획전과 기획전 사이에 전시가 교체되며 새로운 전시
를 준비하는 기간이 생기기 때문이에요. 하나의 기획전이 끝
나면 새로운 전시 교체를 위해 2~3주 동안은 기획전을 관람

할 수 없어요. 기존 전시 작품을 반출하고 새로운 전시를 위해 작품을 체크하고 설치하는 시간이 필요하니까요. 그런데 그때 미술관을 찾은 관람객이 있다면 볼 수 있는 전시가 없잖아요. 그래서 상설전을 운영하며 그 기간을 보완하는 역할을 하죠. 특히, 기획전이 없을 때는 무료 관람을 하고 있어요. 기획전은 보통 4천 원 정도의 유료 관람료를 받고 있고요.

편 어떤 전시를 기획하는가에 따라 준비할 기간도 달라지겠어요.

박 만약 여러 명의 작가와 함께하는 전시라면 하루라도 빨리 준비를 시작해서 속도를 내야 하죠. 1년 전에 준비할 수 있으면 운이 좋은 편이에요. 시립미술관이다 보니 다음 해의 예산은 확보할 수 있지만 몇 년 후의 상황은 장담할 수 없어요. 그래서 최대로 오래 준비할 수 있는 기간이 1년이에요. 보통은 7~8개월 전부터 준비하는데 주어진 시간에 맞춰서 해내야 하죠.

편 상설전과 기획전을 포함해 여러 전시를 계획해야 하니까 구체적인 일정도 정해야 하겠네요.

박 그렇죠. 내부 회의와 외부 심의를 통해 기획안이 정해지면 이제 본격적인 준비에 들어가요. 먼저 앞뒤에 열릴 전시를 준비하는 학예사들과 전시 기간에 대해 협의하죠. 앞 전시는 언제 끝날 건지, 얼마나 전시장을 비울 수 있는지, 또 제 전시가 끝나는 날도 정해요. 그래야 다음 전시 담당자가 준비하니까요. 일정 협의는 끝나는 날을 확정한다는 뜻이 아니에요. 전시회가 공식적으로 마치는 날이 아니라 작품이 나가고 설치물이 다 빠지는 날이 언제인가를 확정하는 거예요. 예를 들어 제가 7월 1일에 시작할 건데 앞 전시가 6월 20일에 끝났어요. 그러면 며칠을 사용해서 앞 전시를 철거할 건지는 저에게 정말 중요하죠. 앞 전시와 마찬가지로 공간을 구성하기 위한 가벽을 세우고 작품을 설치할 시간이 필요하니까요.

전시의 메시지를 만들어가는 학술연구

편 전시 일정이 확정되면 다음으로 어떤 일을 하나요?

박 기획 회의에서 결정된 전시회 안은 큰 틀 안에서 키워드와 방향성만 보고 결정한 거예요. 그래서 준비는 이제 시작인 거죠. 전시의 방향에 맞게 먼저 리서치하며 연구해요. 혼자서 연구하는 부분도 있고 학예사들이 모여서 함께 스터디를 하기도 하죠. 학예사는 기본적인 지식은 어느 정도 갖추고 있지만 모든 매체와 작가를 다 알 수는 없어요. 매체만 해도 평면 회화가 있고 조각, 공예, 판화, 사진, 디자인 등 다양해요. 개인마다 전공은 좁은 분야에 한정되어 있기 때문에 전시 기획 단계에서 구체적인 것들을 연구하는 시간이 필요해요.

어떤 콘셉트로 전시할 것인지 정하고 기획에 맞춰 작가를 섭외하거나, 반대로 작가를 선정하고 그 작가와 연관 있는 다른 작가들을 같이 섭외하기도 하죠. 기획 콘셉트를 정하고 작가를 섭외하는 과정은 학예 연구의 중요한 부분이기도 해요. 기획의 목적에 맞는 전시를 하기 위해 콘셉트에 관한 공부를 하고 적합한 작가를 찾는 것도 연구 과정이에요. 작가 섭외가 끝나면 작품을 선정하는 과정으로 넘어가요. 기획 콘셉트에 맞춰서 새로운 작품을 제작할지 기존에 다른 공간에서 보여줬던 것을 재전시할지 등을 정해요. 같은 작품이라도 기획 의도에 따라 다른 시각으로 전시가 될 수 있거든요.

편 학예사의 전공 분야가 아닌 전시도 맡게 되는 건가요?

박 학예사라면 근현대 미술에 대한 지식이 어느 정도는 다 있어요. 전시에 활용되는 매체에 대한 기본적인 지식도 있고요. 그런데 전시하려면 학부와 대학원에서 배웠던 것만으로는 부족해요. 자기의 전공과 맞아떨어지는 전시라면 공부할게 적을 수 있어요. 그런데 그런 기회는 정말 드물게 찾아오죠. 제가 학부 때 공예를 전공했는데 10여 년 동안 공예 분야만을 집중적으로 기획하고 전시한 적은 없었어요. 사실, 전공했다고 해도 그 분야에 대한 모든 것을 알 수도 없고요. 또 전시의 매체도 다양해서 기본적인 지식만으로 준비하는 건 어려워요. 깊이 있는 공부가 필요하죠. 전에 담당했던 전시와 유사한 거면 필요한 정보를 빨리 찾아낼 수 있지만 새로운 것이라면 자료를 찾기가 어려울 때도 있어요. 해외 작가 중에는 정보를 쉽게 찾을 수 없는 경우도 있어요. 그럴 때는 그 작가와 관련된 미술 잡지들까지 다 리서치해야 해서 시간이 좀 걸리죠. 예를 들어 사진 전시라면 사진에 대해 깊이 있게 파고들고, 그 다음으로 전시의 기획에 맞도록 어떤 작가를 섭외할지 결정하

기 위해 작가 연구를 하죠.

편 연구하는 기간은 얼마나 걸리나요?

박 담당자의 준비 상태에 따라 다르고 전시할 작가에 따라
다 달라요. 예를 들어 1990년대 회화를 전공한 학예사가 디자
인 파트를 맡게 되었다면 디자인을 전공한 사람보다 좀 더 시
간이 필요하겠죠. 전공과 관련이 있다거나 전에 비슷한 콘셉
트를 다뤄본 적이 있다면 준비 시간이 적게 걸리고요. 또 전시
작가가 한 사람이 아니라 여러 사람이라거나, 해외 작가인데
영어권이 아니라 독일어나 프랑스어로 자료를 찾아야 한다면
시간이 더 걸려요. 해외 작가를 다룬 잡지까지 다 뒤져서 작가
의 세계와 특징을 알아내야 하거든요. 이렇게 자료 조사를 마
치면 작가에 대해서 촘촘히 연구해요. 하지만 그 전공 분야의
학예사가 전시를 담당한다고 꼭 좋은 전시 기획이 나온다고
할 수는 없을 것 같아요. 담당자가 어떤 방향과 시각으로 전시
를 기획해서 관람객에게 잘 전달하는 것이 더 중요하다고 생
각해요.

전시에서 가장 중요한 작가와 작품 선정

[편] 작가를 선정하면 다음에는 무슨 일을 하나요?

[박] 작가에게 연락해서 전시에 참여할 지 의사를 묻죠. 활발한 활동을 하는 작가라면 본인과 연락해서 결정하면 되기 때문에 간단하게 끝나요. 작고한 작가는 경우에 따라 절차가 조금 달라요. 유족이 작품을 소유했다면 유족에게 연락하고, 작품이 다른 곳에 있다면 작품을 소장한 개인이나 기관에 연락해서 작품을 대여할 수 있는지 문의해요. 작품일 때도 있지만 때로는 작가의 아카이브가 되는 자료일 수도 있어요. 그러면 대여 요청을 하는 거죠. 기관마다 대여 조건 등이 달라서 사전에 체크하고 대여 신청 시기를 놓치지 않는 것이 중요해요.

작가 선정을 마치면 작가와 미팅해요. 개인전일 때는 한 명과 하겠지만 단체전이 되면 여러 명과 미팅해서 전시 기획에 맞는 작품을 선정하죠. 작품을 선정할 때 주의해야 할 점이 있어요. 바로 전시할 공간이에요. 작품을 너무 많이 선정하면 공간에 다 들어올 수 없고, 너무 적으면 또 빈약해 보이니까 적절한 배분이 필요하죠. 전시 공간은 하얗고 커다란 네모 상자 같아요. 네모나지만 공간을 어떻게 나누고 구성하느냐가 중요해요. 이때는 관람객의 입장이 되어야 해요. 관람 동선을 상상하면서 관람객이 처음 전시장에 들어왔을 때 무엇을 보여줄지, 마무리는 어떻게 되었으면 좋겠는지를 먼저 생각하는 거예요. 그 전시 관람 동선을 구성하면서 관람객에게 어떻게 메시지가 전달될지 상상해 보는 거죠.

편 전시 구성 시에 이미 있는 작품(구작)으로 할 때도 있고, 새로 창작을 의뢰하기도 한다고 하셨는데 그런 결정은 어떻게 내리는 건가요?

박 상황에 따라 달라요. 작가들은 하나의 주제나 대상을 집중적으로 추구하는 경향이 있어요. 마치 제품을 생산하는 기업이 해마다 디자인을 달리하는 것처럼 작가가 관람객에게 전하고자 하는 본질과 의도는 같은데 조금씩 변형을 하는 거예요. 예를 들어 환경에 관심 있는 작가는 환경에 관한 것만 계속 다른 형태로 작품을 제작하고 영상으로 만들기도 하고 또 페인팅으로 만들 수도 있어요. 그래서 기획 의도에 맞는 작가 군을 선택하게 되는데, 기존의 작품이 정말 딱 마음에 들면 그 작품을 전시하거나, 작가가 전시 의도에 맞는 작품을 제작할 수 있겠다는 생각이 들면 신작을 의뢰하기도 해요. 이런 과정은 내부 회의를 거쳐 의견 수렴을 하기도 하고 학예사가 직접 결정하기도 해요.

안전한 전시를 위한 준비,
전시 작품의 가격 산출과 보험 들기

편 전시할 작품이 선정되면 다음으로 하는 일은 무엇인가요?

박 작품 목록이 확정되면 작품의 가격을 산출해요. 유명한 작가의 작품이라면 작품가는 미술시장에서 형성되어 있어서 그 가격을 따르고, 신진 작가라면 작가에게 전시를 위한 작품 가격을 공유받기도 해요. 신작의 경우는 작가와 작품 제작을 기획하는 단계에서 논의하고 작품가를 선정하죠. 하지만, 국공립 미술관은 작품을 판매하는 곳이 아니기 때문에 이 가격은 작품을 판매하기 위한 건 아니에요.

편 작품 가격을 알아야 하는 이유는 뭔가요?

박 보험을 들기 위해서예요. 예를 들어 자동차 보험을 들려고 하면 차량의 가격은 얼마인지, 몇 년식인지, 또 사고 이력은 있는지 등을 알아야 하잖아요. 그와 마찬가지로 미술품도 작품 가격에 따라 보험의 액수가 달라져요. 그뿐만 아니라 예민한 소재로 만들어져서 운송할 때 특별히 더 주의해야 한다면 보험료는 더 올라가요. 왜냐하면 운송 과정에서 파손되거나 변질될 위험이 크니까요. 이런 경우 국내 운송도 힘든 일이지만 항공이나 배를 이용해야 한다면 위험부담이 더 커져서 운송비에 따른 보험료도 함께 올라가죠. 운송을 위해서 전문 기술자가 몇 명이나 필요한지, 어떤 운송(항공, 해상, 육상 등)을 해야 할지, 얼마나 소요될지 같은 것을 예측해서 전문 작품 운송회사에 견적을 의뢰해요. 이 전시회에 책정된 예산이 있는데 그에 맞춰야 하는데요. 예산보다 운송비가 비싸게 나왔다면 예산에 맞게 조절해야 하죠. 일이 여기까지 진척되었다면 큐레이터 입장에서는 좀 정리가 되는 느낌이죠. 그래서 작품 목록을 정하는 게 굉장히 중요한 일이에요. 행정적인 업무를 시작할 수 있고, 작가와 협업해서 전시할 작품을 더 구체화할 수 있거든요.

편 작품 보험은 왜 들어야 하나요?

박 전시회를 할 때 작품 보험을 드는 것은 필수예요. 작품이 원래 있던 자리에서 이동하는 순간부터 전시장을 거쳐 포장되어 다시 원래 있던 자리로 돌아가기까지 일어날 수 있는 모든 경우의 수에 대비한 거예요. 작품이 이동하거나 전시되는 동안 훼손되거나 분실하는 경우도 발생하기 때문이에요. 보험사를 선정할 때는 보통 작가나 작품 소유자가 선호하는 보험사와 계약을 해요. 예를 들어 프랑스 작가가 프랑스나 영국 보험사를 선호한다면 그쪽 보험사와 계약하죠. 국내 작가인데도 외국 보험사와 계약하기를 원하면 그렇게 해요.

편 보험사와 계약하는 과정에서 힘든 일은 없나요?

박 국내 같으면 같은 시간대에 일을 하니까 근무 시간 안에 일을 마치죠. 그런데 해외는 시차가 있으니, 한밤중에도 연락을 취해야 할 때도 있어요. 예를 들어 제가 한국 기준 오후 6시에 이메일을 보냈다면 유럽은 그때 아침 시간이에요. 담당자가 아침에 출근해서 이메일을 확인하고 답변을 보내면 한국은 보통 밤 9시에서 12시 사이죠. 자기 전에 메일이 온 걸 보면 답변을 할지 말지 잠깐 고민하기도 해요. 만약 그때 답을 하면 바로 그다음 답변까지 받아야 하는 상황이 많아요. 한밤중에 일을 하는 거죠. 다음 날 아침에 한다면 시차 때문에 다음 답이 올 때까지 1박 2일이 걸려요. 그러면 일의 진척 속도가 느려서 답답해요. 급하지 않은 일은 다음날 하지만 좀 빨리 결정해야겠다 싶은 건 집에서 한밤중에 할 때도 있어요.

편 해외 운송은 어떻게 하나요?

박 작품 운송만 전문으로 하는 전문가분들이 있으세요. 이사나 일반적인 물건을 이송하는 것과 달라서 그분들하고 유기적으로 소통해야 하죠. 다른 나라에 있는 작품을 가지고 오는 경우에는 그 나라의 연관 기관이나 운송업체 담당자와도 이야기를 해야 하는 거죠. 그리고 저희가 해외에서 물건을 사게 되면 통관하잖아요. 수입되는 작품들도 돈으로 환산했을 때 가치가 높다 보니 전시를 위해 반입되었다는 신고를 하고 똑같이 인천 및 부산 세관의 통관 절차를 밟아야 해요. 그런 통관 업무도 같이 진행해야 되니까 생각보다 해야 할 일이 많고 다양한 분야의 지식도 필요한 것 같아요.

구상을 실현하는 전시 설치

편 전시장에 작품을 설치할 때 무엇을 먼저 하는지 궁금해요.

박 저희는 공간을 구성하고 만든다고 표현해요. 공간에 대한 구상이 어느 정도 끝나면 작가와 미팅하면서 어느 위치에 어떤 작품을 배치할지 결정하는 단계로 넘어가요. 이미 나와 있는 작품이 있다면 기획 콘셉트에 맞는지 판단하고, 필요하다면 신작을 선보이기로 해요. 이때 최종 작품의 목록을 결정해야 해요. 작품의 개수와 크기도 모두 결정해요. 그래야 다음 단계로 넘어갈 수 있어요.

전시 구성을 위해서는 공간 디자이너와 작업해요. 화이트 큐브(하얗고 네모난 공간)에 작품을 전시하기 위해서는 가벽을 세워야 하는데요. 공사를 하기 전에 전시 공간을 어떻게 구성할지 구체적인 설계를 먼저 해요. 공간을 어떻게 나눠서 얼마의 길이로 가벽을 세울지, 어떤 작품을 어느 지점에 설치할지 등을 고려해야 해요. 공간을 설계하는 일은 3D로 작업해서 계속 수정해야 해요. 공간을 나누는 작업이 끝나면 가벽에 작품을 실제 크기 비율로 배치하고 옆 작품과의 간격도 맞춰봐요. 이렇게 작품을 설치했을 때 관람 동선에 엉킴이 없는지 등도 점검하고요.

편 작품을 설치할 때는 조명을 다는 등 전기 설비를 할 때도 있을 것 같아요. 이런 일도 큐레이터가 담당하는 건가요?

박 설치할 때 작품의 상태를 항상 체크하고 점검해요. 이 시기에는 전시장에 하루 종일 머물며 작품과 공간을 계속 돌아보고 확인해요. 작품의 운송과 설치는 전문 설치 업체에서 주로 담당하고 저는 그 옆에서 감독해요. 작품을 옮기거나 설치하는 과정에서 많은 사고가 수반될 수 있기 때문에 긴장한 상태로 이 시기를 보내죠. 가끔 설치가 다 끝나고 소소하게 바꾸고 변경하고 싶은 부분이 생기면 제가 직접 수정하기도 해요. 전시장 안에 설치하는 가벽이 높은 편이라 맨바닥에서는 못하고 사다리를 타고 올라가야 해요. 운송 설치 전문 업체에서 설치를 완료한 이후에는 사다리 위에서 작품의 각도를 조금 수정하기 위해 못질도 직접 하고 조명 위치를 조절하기도 하죠. 전시 준비를 하면서 사다리를 탈 일은 정말 많아요. 위에서 전체적인 공간을 보며 공간 배치도 확인하고, 어느 지점에 뭔가 필요한 게 있으면 높은 데 있어도 갖다 놓아야 하고, 뭔가 눈에 거슬리는 게 있으면 직접 눈으로 확인해야 해요. 그래서 학예사들은 여자라도 웬만한 남자보다 사다리도 잘 타고 설비도 잘해요.

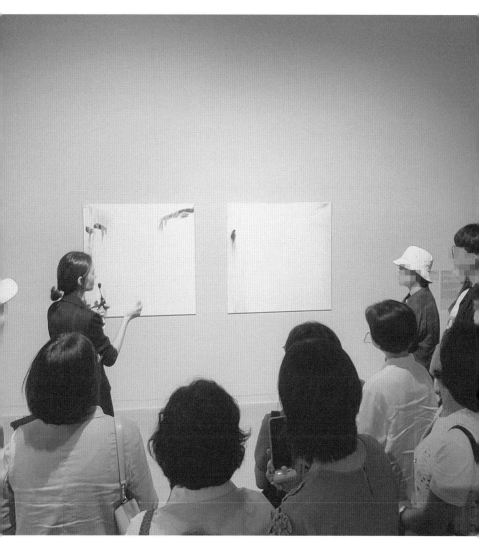

🖼 2024년 전시 설명

예술가의 속삭임을 관람객에게 들려주는
미술관 큐레이터

편 가끔은 직접 사다리를 타고 소소한 부분을 바꾸며 정교하게 일을 한다는 게 인상적이네요. 전시 설치를 하면서 진행하는 일이 또 있을까요?

박 전시 구성안이 정해지면 설계 작업자와 공간 공사업체를 불러 전시장 공사에 대해 논의하고 작업을 진행해요. 이와 동시에 포스터, 리플릿, 초청장, 웹 초청장들을 전시 목적에 맞게 만들어요. 그래픽 디자이너와 함께 만드는데, 그래픽 디자이너가 디자인한 것을 인쇄물로 실현하기 위해 인쇄업체와도 유기적으로 소통하면서 업무를 해야 하죠.

전시 관련한 글도 직접 쓰기

[편] 전시장에 전시의 목적이나 작가 설명, 작품 해설의 글이 많이 있어요. 그것도 큐레이터가 쓰는 건가요?

[박] 현대미술은 대중이 이해하기 어려운 예술로 알려져 있어요. 작품 해설도 어렵고요. 이런 인식을 개선하고 대중과 소통하고자 요즘엔 관람객이 이해하기 쉽게 설명하려고 해요. 단어도 좀 더 쉬운 것을 선택하고 풀어서 설명하려고 하죠. 그러다 보니 설명이 길어지기도 해요. 이건 저희가 관람객과 소통하기 위해 노력하고 있다는 뜻으로 생각해 주시면 좋겠어요.

전시회를 하기 위해서는 배너, 초청장, 도록, 리플릿 등을 제작해야 해요. 전시의 특성이나 작가의 독특함이 드러날 수 있게 하는 게 중요해요. 그래픽 디자이너가 제안한 여러 개의 시안을 검토해서 선택하죠. 이것도 여러 번의 논의와 수정 과정을 거쳐야 완성되기 때문에 공간 디자인도 같은 시기에 함께 진행하죠. 특히 전시 도록은 책을 한 권 만드는 것과 같아요. 분량은 전시마다 다양하지만 표지 디자인도 확정해서 만들어야 하고 전체 내용도 구성해야 하는 일이죠. 그래서 여러 분야의 분들과 지속적으로 논의하고 보완해 가며 다양한 업무를 동시에 해야 하죠.

관람객을 위한 연계 교육 프로그램의 개발과 진행

편 큐레이터는 전시와 관련한 연계 프로그램도 개발하고 진행한다고 하셨어요. 어떻게 하는 건가요?

박 미술관은 관람객과 소통하는 프로그램을 통해 교육의 역할도 하고 있어요. 전시회를 그냥 관람객에게 보여주기 위해서만 개최하지는 않아요. 전시회를 통해 대중과 소통하는 방식으로 자연스럽게 교육하는 거죠. 그런데 교육이라는 게 받는 사람이 수용해야 가능한 거잖아요. 일방적으로 '이건 이

🖼 2022년 국립대만미술관 초청 강연

거다'라고 전달하는 것으로는 되지 않는 거죠. 그래서 미술관에서는 여러 가지 교육 프로그램을 만들고 있어요. 큐레이터도 연계 교육 프로그램을 만들어 진행하지만, 전문적으로 미술교육을 담당하는 에듀케이터라는 교육 학예사가 따로 있어요. 에듀케이터는 교육을 전공한 분들로 생애 주기에 따른 교육 방법을 잘 알고 있어요. 그래서 저희가 전시 기획 및 의도를 그분들께 제공하면 그것을 바탕으로 전문적인 교육을 기획하죠. 교육 학예사는 전시 연계 교육뿐만 아니라 자체 기획 프로그램도 기획해요.

편 어떤 프로그램들인가요?

박 전시의 특성에 따라 연계 교육 프로그램도 달라져요. 원데이 클래스처럼 하루만 열리는 행사도 있고 어린이들에게 좀 어려운 전시 같으면 어린이를 위한 프로그램도 많이 만들어요. 일반 성인을 위한 교육 프로그램도 다양하게 있고요. 여기에 그치지 않고 농인(청각장애인)을 위한 프로그램도 만들고 시각장애인을 위해 점자로 전시된 작품을 안내하기도 해요. 그래서 저희도 교육 학예사 선생님들과 얘기를 많이 나누면서 프로그램도 함께 진행하고 있어요.

끝까지 최선을 다하는 마음과 자세로

[편] 전시 준비하는 과정에서 많은 일을 하시는 것 같아요. 단계별로 진행되는 것도 있지만 동시에 진행해야 하는 일도 많은 것 같은데 이런 일을 소화하는 노하우는 무엇인가요?

[박] 큐레이터는 1년에 2~3개의 전시나 연계 행사를 맡아서 진행해요. 그러니 한 전시회만 전적으로 준비할 수 있는 상황은 아니에요. 하나의 전시를 준비하는 동안 다음 전시를 위해 연구하고 작가를 섭외하는 등의 일을 하죠. 그래야 차질 없이 다음 전시회가 열릴 수 있어요. 두 가지 또는 세 가지 전시를 같이 준비할 때도 있는데요. 그럴 때는 일하는 요령이 필요해요. 일하는 스타일은 사람마다 다 다른 것 같아요. 저는 전시회 준비 상황을 간략한 표로 만들어서 체크해요. 해야 할 일의 목록과 기한, 진행 상황들을 기록하고 우선순위를 정하는 거죠. 두 개의 전시를 동시에 추진하고 있다면 첫 번째 전시회가 진행되는 상황과 별개로 다음 전시회 준비 상황을 체크해요. 그래서 앞선 전시회를 마쳤을 때 뒤에 할 전시의 일이 40% 정도는 진척되어 있도록요. 큐레이터는 동시에 여러 가지 일을 처리해야 하는 상황이 많기 때문에 멀티태스킹이 매우 중요해요.

편 전시가 가까워지면 할 일이 더 많을 것 같아요.

박 전시 개막 한 달 전부터 저는 개인적인 스케줄을 아무것도 잡지 않아요. 한 곳에 집중하면 다른 걸 신경 쓰고 싶어 하지 않는 성격 탓도 있는 것 같은데, 주변을 보니 저뿐 아니라 대부분의 큐레이터가 비슷하더라고요. 쉬는 날에 어디를 놀러 가도 즐겁지 않고 전시 생각이 문득 나거든요. 그러니까 아예 개인적인 일정을 만들지 않는 것 같아요. 그 기간에 할 일이 정말 많아서 전시만 집중해도 힘들거든요. 사실 큐레이터는 '인풋보다 아웃풋이 많은' 직업이에요. 내 안에 어떤 지식이 있는지가 중요한 게 아니라 밖으로 보이는 결과물이 중요하다는 뜻이에요. 그리고 자신이 기획한 전시만 맡는 게 아니라 주어진 것이라면 다 해내야 해요. 몰라서 못한다는 건 있을 수 없어요.

관람객과 만나는 전시

2022 **8/14**(日) PM 2:00-3:50
講者 Speaker / 本展策展人 Curator
朴賢珍 PARK Hyun Jin

🖼 2022년 국립대만미술관 전시 연계 강연

편 전시가 개막하고 나면 큐레이터는 또 무엇을 하나요?

박 개막하고 초기에는 보완하고 보정하는 일을 해요. 의자를 배치했는데 불편할 수 있겠다거나, 관람객의 동선을 가리키는 방향 유도선이 더 있었으면 좋겠다거나, 너무 어두워서 작품 감상이 어렵다거나, 빛을 조정했는데 그 빛이 관람객의 시선을 불편하게 한다든가, 하는 것들을 조정하는 시간을 가져요. 그게 한 2주 정도 되는 것 같아요.

동시에 전시와 관련한 프로그램을 교육 학예사분들과 협력 추진하거나 진행해요. 강연이나 세미나 같은 전시 연계 프로그램이죠. 전시가 시작되면 미술관 홈페이지에 대중이 참여할 수 있는 교육 프로그램을 올려요. 여기서 참여 신청을 받고 대부분 무료로 운영해요. 예를 들어 추상미술 전시를 한다면 그와 관련해서 한국의 추상미술, 추상미술의 역사, 추상미술 작가 등에 대해서 들을 수 있는 강의를 기획하는 거예요. 강사는 대학교수일 수도 있고 다른 기관의 큐레이터일 수도, 아트 디렉터나 관장님들일 수도 있어요. 강의도 하고 토론하는 세미나도 해요.

편 이런 교육 프로그램은 왜 하는 건가요?

박 관람객이 전시를 보다가 궁금한 게 생기기도 하잖아요. 그런 분들을 위해 이런 프로그램을 만드는 거예요. 형식적으로 한 번 하는 건 아니고 프로그램도 다양하게 만들죠. 1강은 미술대학 교수님이 추상미술의 전반적인 역사와 변화에 대해 알려주고, 2강은 추상미술과 관련된 에피소드나 작가들의 이야기를 소개할 수 있는 다른 미술관 관장님이 맡는 방식이에요. 한 강좌에 50~100명 정도 수강 신청을 받고 있어요. 교육 학예사분들도 직접 교육 프로그램을 만드는데요. 그분들은 관람객들이 쉽게 참여할 수 있는 전시 연계 키트나 상설 체험 프로그램 등을 담당해요.

큐레이터가
되는 방법

미술적인 감각이 필요한가요

[편] 이 일을 하려면 미술적인 감각이나 안목이 필요할 것 같아요. 어떻게 하면 미술적인 안목을 키울 수 있을까요?

[박] 이 일을 하려면 미술적인 안목은 필수라고 생각해요. 대학이나 대학원에서 전공을 바꿔서 공부할 수는 있지만 기본은 미술적인 감각이거든요. 미술에 관심이 없는데 이 직업을 할 수는 없을 거예요. 미술적인 감각을 키우는 방법은 멀리 있는 건 아닌 것 같아요. 주변 사물을 조금 다양한 시각으로 보는 거죠. 그냥 보는 게 아니라 좀 자세히 들여다보는 거예요. 예를 들어 우리가 먹는 과자만 해도 포장이 다 달라요. 포장도 디자인이니까 '왜 이런 포장을 했지?' 하고 관심을 가지면 포장이 변해온 역사도 관심이 생겨요. 사실 포장이 변하는 과정을 추적하면 그게 브랜드의 역사가 될 수도 있어요. 또 어떤 사물에 대한 구조에 관심을 가지는 것도 좋아요. 색깔과 디자인도 유심히 보고, 가구 배치도 보고요.

[편] 미술관을 자주 가는 것도 좋겠어요.

[박] 가족이나 친구들과 함께 전시회를 보는 것도 좋은 방법이죠. 저도 어렸을 때 전시를 많이 봤어요. 특히 인사동을 많이

예술가의 속삭임을 관람객에게 들려주는
미술관 큐레이터

갔었는데 기억이 많이 나요. 지금 인사동은 예전보다는 많이 관광객이 찾는 상업적인 공간으로 변했지만 그래도 여전히 가볼 만한 미술 공간이 많아요. 요즘엔 직접 가지 않아도 인터넷에 자료가 워낙 많으니까 국내뿐만 아니라 해외 자료도 찾아보는 것도 좋고요. 또 좋아하는 작가의 도록이나 작품집도 보고요.

편 전시회에 가면 관련된 프로그램이 많아요. 이런 프로그램에 참여하는 것도 도움이 될까요?

박 그럼요. 미술관에는 전시와 관련한 다양한 프로그램이 많아요. 전시만 관람할 게 아니라 도슨트의 해설을 듣고, 또 주최 측에서 마련한 다른 프로그램에 참여해 보는 거죠. 특히 이 일을 하고 싶은 청소년이라면 나중에는 다 본인이 기획해야 하는 프로그램이거든요. 다양한 프로그램에 참여해 본다면 도움이 될 거예요. 멀리 가서 미술 공부를 특별히 할 게 아니라 내 옆에 사물과 대상을 다양한 관점에서 섬세하게 보는 게 중요한 것 같아요.

편 어떤 분야에 관심을 두고 공부하면 도움이 될까요?

박 학예사 준비를 하면서 미술사 공부를 많이 해요. 그런데 어렸을 때는 미술사 공부를 어렵게 할 필요는 없는 것 같아요. 대신 가볍게 나온 미술 역사서를 읽는 게 좋겠어요. 만화처럼 재미있게 나온 책도 있고, 컬러로 제작되어 눈길을 끄는 책들도 많아요. 책을 읽고 관심이 생기면 미술에 관련된 다른 책을 보고, 관심 있는 작가가 생기면 작가에 관해 공부해 보는 것도 좋고요. 그러다 작가가 활동했던 시대에 관심이 생기면 자연스럽게 공부하게 되는 거예요. 이런 식으로 관심을 넓히며 미술 공부를 하는 거죠.

미술을 좋아한다면 직접 배워보는 것도 좋아요. 요즘엔 부모님들이 아이가 어릴 때 미술과 음악을 기본적으로 가르치더라고요. 전공하지 않더라도 취미로 배우는 것도 미술과 친해지는 한 방법이에요.

어떤 자질을 갖춰야 할까요

편 어떤 자질을 갖추는 게 좋을까요?

박 차분하고 꼼꼼한 성격이 좋겠어요. 전시회를 열려면 챙겨야 할 일이 정말 많아요. 어느 하나에 문제가 생기면 다음 업무에 차질이 생기죠. 그러니까 꼼꼼하게 할 일을 정리하고 체크해 나가면서 해야 해요. 당연히 차분해야 꼼꼼할 수 있고요. 이 직업은 연구를 계속해야 해요. 책도 많이 읽어야 하고 같이 일하는 사람들과 스터디도 함께 하니까 공부할 수 있는 역량도 필요하죠.

새로운 것에 대한 호기심이 많고 재미를 느끼는 게 중요한 것 같아요. 전시하는 공간을 '화이트 큐브White cube'라고 불러요. 하얀 입방체 공간으로 외부 세계와 단절되어 오직 작품에만 주목하게 만드는 전시 공간이에요. 큐레이터는 티 없는 하얀색 공간 안에 전시를 넣는 거예요. 전시 작품에 따라 공간을 변형시키고 분위기도 다르게 연출하기도 해요. 네모난 공간이라고 모든 전시를 획일적으로 한다면 창의성이 없는 지루한 공간이 되어버리겠죠. 똑같은 하얀 가벽이라 하더라도 가벽의 소재를 플라스틱으로 한다든지 가벽의 배치를 바꿔본다든지 하면서 다른 전시와 똑같지 않도록, 지루하지 않도록 만들어야 해요. 이런 창의성은 호기심에서 나오는 것 같아요. 저걸 다른 것으로 바꿔보면 어떨까? 공간을 나누는 방식을 달리해 보면 어떨까? 이렇게 아이디어를 떠올려 보는 거죠. 네모난 공간은 이미 정해져 있지만 그 안에서 변화를 꾀하는 게 재미있어야 해요.

한 가지만 집중적으로 하는 것을 좋아하기보다는 여러 가지 일을 하면서도 스트레스를 받지 않는 성격이 더 좋을 것 같아요. 하나에 집중해서 일을 꼼꼼하게 하는 성향의 사람들은 그 자체가 장점이기는 해요. 그런데 이 일은 하나의 프로젝트가 끝나고 다음 프로젝트로 이어지는 게 아니잖아요. 전시 하나 끝나고 다음 전시를 준비하기 시작하면 시간이 너무 부족해요. 때로는 시간이 없어서 불가능한 것도 있어요. 작가를 섭외하는 일, 초청해서 진행할 프로그램 일정 등은 미리 정해져 있어야 해요. 두 가지 세 가지 일을 동시에 진행해야 하는데, 한 가지 일만 하기도 어렵다고 하는 사람들에게는 좀 괴로운 일일 수 있어요. 그래서 여러 가지 일을 동시에 진행할 수 있는 멀티 역량이 필요한 것 같아요.

편 더 필요한 건 없을까요?

박 끈기와 체력이 필요해요. 일을 하다 보면 안 될 것 같은 일도 되도록 해야 할 때가 있어요. 그때 필요한 건 '포기하지 않고 하기!'라는 끈기예요. 이 일은 미술을 좋아하고 전공한 친구들이 선택하는 거라서 이 일에 필요한 예술적 기질이나 미적 감각 같은 것은 기본적으로 가지고 있을 거예요. 거기에 더해 끈기와 인내심, 책임감 등이 있어야 하는 거죠.

그리고 체력은 정말 중요해요. 전시 개막식 전이 가장 바쁜 때라고 했잖아요. 1년 동안 고생해서 준비한 전시가 빛을 보기 직전이 사실 가장 힘들어요. 작가랑 협의해야 할 것도 많고, 전시 공간에서 밤새워 일할 때도 있어요. 그냥 할 일이 많아서 육체적으로 힘들다 정도가 아니라 고도의 집중력이 필요하니까 정신적 육체적 에너지가 한꺼번에 필요해요. 체력이 없으면 견디기가 어렵죠.

사람들과 소통하는 역량도 필요한가요

편 사람들과 소통하는 일이 많은 직업 같아요. 실제로는 어떤 가요?

박 큐레이터는 정말 다양한 사람들을 만나요. 작가뿐만 아니라 시청 공무원, 시의회 의원도 만나고, 운송업체 직원, 공간 작업자, 교육 전문가, 기자, 관람객 등등 일하는 분야도 다르고 연령대도 다른 사람들을 수없이 만나게 되는데요. 항상 만나게 되는 사람도 있지만 새롭게 만나는 사람들도 많아요. 저 같은 경우 전시회 하나를 하는데 최소 20명 정도의 새로운 사람을 만나더라고요. 처음 만난 사람들과 일을 진행하려면 소통하는 게 정말 중요해요. 낯선 사람과 만나 대화하는 게 어렵고 두렵다면 이 일이 쉽지 않을 거예요. 이 일을 하고 싶다면 사람들과 만나는 것을 어려워하지 않도록 용기를 내서 자신을 변화시켜 보는 게 좋겠어요.

외국어를 잘해야 할까요

편 영어를 비롯한 외국어를 배우는 게 좋을까요?

박 국내 전시만 기획하고 추진할 수 있다면 굳이 외국어를 잘 할 필요는 없어요. 훌륭한 국내 작가도 매우 많아서 전시할 게 많으니까요. 그런데 기관에서 일을 하다 보면 본인이 원하지 않아도 해외 기관과 작가와 일하는 경우가 생겨요. 해외에서 국내 작품을 대여해 달라는 요청이 들어올 수도 있고, 국제전을 열면 국제 교류를 해야 하거든요. 어쩔 수 없이 영어로 소통해야 하죠. 그건 다른 사람이 대신해 줄 수 없는 일이에요. 본인의 업무니까 어떻게든 해야 해요. 그러니까 본인의 영역을 확장하기 위해서는 외국어 공부도 열심히 하는 게 좋아요. 학예사 채용공고에 보면 우대 또는 필수사항으로 영어 성적도 제출하게 되어있어요. 점수가 높으면 가점대상이 되고요. 그런데 시험 점수가 중요한 건 아닌 것 같아요. 현직에 있는 학예사들은 대부분 석사 이상 공부한 사람들이라 영어는 어느 정도 다 할 수 있어요. 중요한 건 소통하는 능력이죠. 외국 기관과 이메일을 주고받고, 직접 대화하면서 소통하는 능력이 필요해요. 그건 시험 영어랑 다르더라고요. 그래서 전화할 때 사용하는 문장, 일상 대화할 때 사용하는 단어들에 익숙해지는 공부를 하면 좋겠어요.

영어 외에 다른 언어도 하면 좋아요. 영어만 공부하는 것도 쉬운 일은 아니지만 다른 언어를 하고 싶다면 프랑스어와 중국어를 배우라고 권해요. 프랑스가 서양 미술의 중심이기 때문에 작가도 많고 서적도 많아요. 미술책이 영어로도 많이 번역되어 있지만 프랑스어를 배워 제대로 느껴보는 것도 좋겠죠. 중국어를 권하는 이유는 앞으로 중국이 현대미술 분야에서 주목받는 나라 중 한 곳이 될 것이기 때문이에요. 중국은 전시의 스케일도 크고 실험적인 방식도 많이 사용하면서 깜짝 놀랄만한 전시를 많이 열어요. 중국이 현대미술 분야에서 두각을 나타내고 있기 때문에 중국어를 잘하면 도움이 될 거예요.

편 학예사님은 어떻게 영어 공부를 하셨어요?

박 저는 어렸을 때 월트디즈니 영화를 좋아했어요. 인어공주, 백설공주, 알라딘 같은 영화의 영어판 DVD를 사서 여러 번 반복해서 봤어요. 영어로 말하고 영어 자막만 있는 것들로요. 처음엔 내용을 잘 못 들어요. 말도 빠르고 단어도 모르는 게 많으니까요. 그런데 한 10번 정도 보면 영상으로도 대충 내용을 이해하게 되고, 그러면 저 인물이 대충 이런 말을 했겠다고 알

예술가의 속삭임을 관람객에게 들려주는
미술관 큐레이터

겠더라고요.

영어와 친해지는 방법은 사람마다 다른 것 같아요. 저처럼 애니메이션을 좋아하면 이런 방법으로 공부할 수 있고, 예능 프로그램을 좋아하면 그걸 많이 보는 방법도 있죠. 제 친구는 토크 프로그램을 좋아해서 많이 봤다고 해요. 다른 친구는 요리 프로그램을 보면서 '이제 호박을 세 개 썹니다' 같은 표현을 배웠다고 해요. 영어 회화를 공부할 때는 뉴스 프로그램을 많이 보는 것도 도움이 되지만 일상적인 회화 공부에는 어느 장르라도 다 괜찮아요.

글쓰기 능력도 필요한가요

📱 전시회와 관련한 리플릿이나 도록과 같이 글을 쓰거나 편집과 관련한 일도 해야 한다고 얘기하셨어요. 어떻게 준비하면 좋을까요?

📱 이 직업은 읽고 쓰는 일이 생각보다 많아요. 전시를 준비하다 보면 읽어야 할 것이 참 많아요. 책도 읽고 작가에 대한 글도 많이 읽죠. 또 미술계에 새로운 이슈가 생기면 새로운 작가들이 나와요. 그러면 이슈와 관련한 책도 읽어야 하고 작가에 관한 공부도 해야 하죠. 요즘에 사람들이 관심이 많은 환경 문제나 생태계 문제를 주제로 한 전시회도 열리잖아요. 그래서 독서하는 습관이 있으면 좋아요. 꼭 어려운 책이나 미술 도서일 필요는 없어요. 신문을 보는 것도 좋고, 동화책을 읽어도 좋고, 무협지를 읽어도 괜찮아요. 뭐든지 읽는 게 힘들지 않으면 되는 거죠. 사실 독서는 집중력과도 관련이 있기 때문에 습관을 들이면 좋겠어요.

📱 실제로 글도 많이 쓰시는 건가요?

📱 저희가 하는 일이 의외로 글을 쓰는 일이 많아요. 전시 제목을 정하는 것부터 리플릿이나 도록에 들어갈 글까지 대부분

을 큐레이터가 직접 써요. 전시장에 가서 보면 초입에 작가에 대한 이야기가 쓰여 있는 것을 보셨을 거예요. 작품 중간에 해설이 쓰여 있기도 하죠. 그걸 다 큐레이터가 쓰는 거예요. 그래서 글쓰기가 스트레스일 때도 있어요. 전시에 대한 정보를 관람객이 이해할 수 있도록 쓰는 게 쉽지는 않더라고요. 나중에 큐레이터가 되고 나서 글쓰기를 하려면 더 어려우니까 청소년기에 글을 많이 써보는 게 도움이 될 거예요.

메모하는 것을 습관으로 기르는 것도 좋아요. 저는 고민하면서 생각나는 게 있으면 휴대폰에 메모해서 저장해요. 떠오르는 단어나 문장도 그때그때 메모해서 저장해 놓으면 나중에 제목을 정할 때나 전시에 관한 글을 쓸 때 도움이 되더라고요. 창의적인 글쓰기도 중요하지만, 정보를 이해하고, 이해한 것을 글로 전달하는 글쓰기 연습을 많이 해보면 좋겠어요.

청소년이 이 직업을 체험할 수 있는 방법이 있다면

[편] 청소년이 이 직업을 체험할 수 있는 게 있다면 추천해주세요.

[박] 청소년 도슨트나 서포터즈 활동에 참여할 수 있어요. 요즘은 어린이, 청소년, 시니어 등 다양한 연령대의 사람들이 도슨트로 활동할 수 있는 기회가 많아요. 도슨트 활동을 하면 세미나에 참석해 해설할 내용을 익히고 본인이 활동할 수 있는 날짜에 나와 관람객에게 작품 해설을 하는 거죠. 이런 활동으로 큐레이터가 어떤 의도로 전시를 기획했는지, 전시장을 어떻게 구성했는지 등도 배울 수 있어요. 서포터즈 활동은 주로 SNS에 영상을 올리는 등의 방법으로 미술관 홍보를 하는 거예요. 요즘 학생들은 인터넷 프로그램을 워낙 잘 다루니까 포맷을 만들어주면 참 잘하더라고요. 전시 홍보도 하면서 전시를 분석한 내용을 올리기도 해요. 이 일은 홍보팀과 함께하는 거지만 전시를 이해할 수 있는 또 하나의 방법이죠.

대학 진학이 필요한가요

[편] 큐레이터가 되려면 대학에 진학해야 하나요?

[박] 미술관 학예사가 되고 싶다면 대학에 진학해야 해요. 회화나 공예, 조각, 판화와 같은 전공을 해도 좋고, 미술사, 미술교육, 미술관학, 미술 경영학, 예술학, 예술 경영학, 미술학, 미학, 미술이론 등 미술 분야 관련학과라면 다 괜찮아요.

미술대학에 입학하려면 실기만 잘하면 된다고 생각할 수 있어요. 그런데 요즘엔 성적이 중요해지고 있어요. 대학마다 입시가 다르긴 하지만 대체로 성적순으로 1차 합격을 결정하고 정원의 몇 배수를 뽑아 실기 평가를 해요. 실기도 대학마다 다른데요. 실기장에서 직접 시험을 보는 데도 있고, 포트폴리오만 제출하는 곳도 있어요. 또 포트폴리오도 제출하고 실기도 같이 하는 곳도 있고요. 그러니까 원하는 대학이 있다면 먼저 성적을 어느 정도 유지해야 해요.

미술대학엔 실기가 필요 없는 학과도 많아요. 미술사, 예술학, 미학과 같은 전공은 실기를 준비할 게 아니라 성적 관리를 해야겠죠. 영어나 프랑스어, 중국어 등을 전공할 때도 마찬가지고요. 진로를 어느 쪽으로 정하든 성적이 중요하다는 건 변함이 없어요.

편 대학에서 미술 분야와 관련한 전공을 꼭 해야 학예사가 될 수 있는 건가요?

박 대학에서 미술 분야가 아닌 다른 분야를 전공했다고 학예사가 될 수 없는 건 아니에요. 실제로 학예사 중에는 대학에서 미술 분야를 전공하지 않은 사람도 있어요. 대신 대학원에 진학해 미술 분야를 전공하죠. 또한, 외국어 전공을 한 사람도 많은데요. 프랑스어를 전공하면서 예술에 대한 것을 많이 배우게 되고, 관심이 생겨서 대학원에서 미학이나 미술 이론과 같은 미술 분야를 전공한 경우죠. 그러니까 대학이든 대학원이든 어디에서라도 미술 관련한 공부는 해야 이 일을 할 수 있어요. 전문 분야이기 때문에 전공과 관련 없는 사람이 진입하기는 매우 어렵다고 봐야죠.

편 현장에 있는 학예사들은 대체로 대학원에서 석사과정을 마친 분들이 많은 것 같아요. 대학원까지 생각하고 있다면 대학에서 어떤 준비를 하면 되나요?

박 큐레이터가 되겠다고 마음먹었다면 공부하는 습관을 들여야 해요. 대학 졸업 후 대학원을 진학하는 경우가 많은데, 대학원은 연구를 주로 하는 곳이에요. 그러니까 학습하는 훈련이 되어있지 않으면 어렵죠. 학부까지는 무엇을 전공했든 상관없이 미술에 대한 관심과 열정이 중요하지만, 석사는 좀 달라요. 학습하고 연구하는 게 먼저니까요.

편 대학부터 관련 분야를 전공하면 유리한가요?

박 아무래도 차근차근 단계를 밟는다는 의미에서는 좀 편하겠죠. 하지만 개인차가 있으니까, 대학에서 미술 관련 전공을 하지 않았어도 크게 불리한 건 아니에요. 그리고 인턴이나 코디네이터 과정을 꼭 거쳐야 학예사가 될 수 있는 것도 아니에요. 그 과정을 하면 학예사가 되었을 때 배운 것들을 활용할 수 있다는 장점이 있는 거죠. 대학이나 대학원에서는 이론을 가르쳐주지만, 현장에서 실제로 하는 일을 가르치지는 않잖아요. 그런 현장 경험이 채용할 때 우대사항이 될 수 있고, 또 본인이 현장에서 일할 때 편할 수 있어요. 인턴과 코디네이터 과정을 거치지 않았더라도 본인이 업무를 빨리 파악하고 따라가면 문제 될 게 없죠.

유학이 필요한가요

[편] 미술 분야는 유학을 다녀오는 사람들이 많은 것 같아요. 학예사도 유학이 필요할까요?

[박] 유학을 다녀온 사람들이 꽤 있는데 필수는 아니에요. 국내에도 미술대학이 많고 그 안에서 배운 것으로도 학예사가 될 수 있으니까요. 유학은 개인의 선택인 것 같아요. 유학하러 간다면 대학보다는 대학원을 가는 편이에요. 외국에서 공부하고 싶거나, 아니면 꼭 배우고 싶은 교수님이 외국에 있다면 가는

🖼 영국 대학원 시절

🖼 영국 대학원 시절

것도 좋아요. 미술 분야의 유학은 대부분 미국이나 영국, 독일, 이탈리아 쪽으로 많이 가요. 요즘엔 중국으로 가는 사람도 많아지고 있어요. 유학을 통해 다른 나라의 언어를 배우고 문화를 경험하는 것이 큰 자산이 되죠.

[편] 유학을 가고 싶다면 어떤 준비를 하는 게 좋을까요?
[박] 먼저 가고 싶은 지역과 대학을 선택해야겠죠. 다음에는 대학교 입시에 관한 정보를 찾아봐야 해요. 가장 좋은 방법은 대학교 홈페이지를 활용하는 거예요. 외국은 우리나라 입시와 달라서 대학에서 요구하는 사항에 맞춰 준비해야죠. 예를 들어 언어는 토플 점수가 필요한지, IELTS 점수가 필요한지, 지원서는 어떤 내용으로 써야 하는지 알아보고 준비해야 해요. 저도 한국에서 대학을 졸업하고 영국에 있는 대학원에서 공부하고 싶어서 진학했어요.

어떤 경력을 쌓으면 도움이 될까요

편 큐레이터가 되기 위해 어떤 경력을 쌓으면 도움이 될까요?

박 경력을 쌓는 방법은 미술관에서 인턴과 코디네이터로 일해보는 거예요. 단순히 이 직업이 무슨 일을 하는지 경험하기 위한 것이라면 어느 곳이나 상관없지만 학예연구사가 되고 싶다는 확고한 마음이 있다면 향후 경력으로 활용할 수 있고, 자격증을 취득하는 데 도움이 되는 인증된 기관에서 일해야 해요. 문화체육관광부에서는 '박물관 및 미술관 진흥법'에 따라 박물관·미술관에 대한 전문적 지식과 경험을 갖춘 학예사를 양성하기 위해 자격제도를 마련했어요. 그에 따라 자격증을 심사할 때 경력인정대상기관에서 발급한 재직경력증명서 또는 실무경력확인서 등의 증빙자료를 제출하도록 하고 있어요. 인턴이나 코디네이터의 경력은 자격증을 취득하거나 학예사로 취업할 때 필요한 경력이죠. 그래서 경력인정대상기관을 선정해 관리하고 있고, 그 기관은 200개가 넘어요. 하지만 실제로 미술관 큐레이터가 되기 위해 인턴 경력을 쌓을 수 있는 곳은 그리 많지 않아요. 선정된 기관은 모든 종류의 박물관도 포함되어 있기 때문이에요. 박물관 큐레이터와 미술관 큐레이터는 분야가 확연히 구분되기 때문에 넘나들면서 일을 하기 어려워요. 어느 하나를 선택해야 하죠. 미술관 큐레이터가 되겠다고 결심했다면 미술관에서 경력을 쌓아야 하는데, 수도권에 국공립미술관이 몇 개 없어요. 물론 사립미술관도 여러 개 있지만 인턴 경력을 쌓으려는 사람이 많은 만큼 그 수를 수용하지는 못해요. 그래서 서울에 사는 사람이 부산이나 충청도 등 지방에 있는 국공립미술관에서 경력을 쌓고 수도권으로 오는 경우도 있어요. 같은 지역에 사는 사람이라면 좋은 조건이지만 수도권에 사는 사람이라면 낯선 곳에 살면서 2년 동안 경력을 쌓아야 하니까 좀 힘들긴 해요.

편 인턴 경력을 쌓으려는 지원자는 많지만 그만큼 미술관이 많지 않아서 경쟁이 있다는 얘기인가요?

박 그렇죠. 수도권에 국공립미술관이 10개가 채 안 돼요. 용인이나 화성처럼 도시가 커진 곳에서는 이제 막 지으려고 준비 중인데 언제 완공될지는 모르는 일이에요. 그래서 수도권 미술관에서 인턴 경력을 쌓으려는 사람이 많아 경쟁도 치열한 편이에요. 학력이 좋으면 좀 유리해요. 아무래도 학력이나 기존 인턴 경력이 좋으면 좀 유리하니까요.

2024 ○○○ ○○○ 일자리사업
「○○시립미술관 전시 코디네이터」
채용계획 공고

1. 채용예정분야

근무예정 부서	채용 분야	채용 인원	채용기간	직무내용
학예팀	○○시립 미술관 전시 코디 네이터	1명	2024. 7. 1. ~ 2024. 11. 30. [5개월] (예정)	• 학예팀 기획전 및 국제 전 업무 보조 • 전시 관련 프로그램 운 영 및 현장 업무 • 소장품 관리 및 학술출 판 업무 보조 • 업무 관련 리서치 및 행 정업무 지원 등

2. 응시자격

가. 공고일 현재 19세 이상의 ○○시민으로서 다음 참여요건을 모두 갖추고 사
　　업 참여배제 사유가 없는 자

나. 참여요건 : 청년인 자 (19세 이상~ 39세 이하) (필수)

다. 우대요건 : 미술(예술) 관련학과 학위소지자, 미술관 업무 경력자, 컴퓨터 활
　　용가능자(엑셀, 파워포인트, 포토샵 등), 외국어 능통자 및 자격증 소지자

※ 미술(예술) 관련학과 : 미술사학, 예술학, 박물관미술관학, 큐레이터학, 미술
이론, 문화예술경영, 미술실기 등 이와 유사한 전공 학사학위 이상 소지자

학예사 자격증은 무엇이 있나요

[편] 학예사 자격증은 무엇이 있나요?

[박] 학예사가 취득할 수 있는 자격증은 정학예사 1급/2급/3급이 있고, 준학예사 자격증이 있어요. 자격증은 학력과 경력에 따라 순차적으로 취득할 수 있어요. 학력과 관계없이 가장 처음 취득하는 자격증은 준학예사예요. 이 자격증을 취득하려면 필기시험에 합격하고 일정 기간 동안 경력인정대상기관에서 실무 경력을 쌓아야 해요. 필기시험은 공통과목과 선택과목이 있어요. 공통과목은 박물관학과 9개의 언어 중 하나를 선택하는 것으로 객관식 시험이에요. 선택과목은 고고학, 미술사학, 예술학, 민속학, 서지학, 한국사, 인류학, 자연사, 과학사, 문화사, 보존과학, 전시기획론, 문학사 중 2과목을 선택해 논술형 시험을 보는 거예요. 시험에 합격하면 실무경력을 쌓아야 해요. 고등학교 졸업자는 5년 이상, 2년제 전문대 졸업자는 3년 이상, 3년제 대학 졸업자는 2년 이상, 4년제 대학 졸업자는 1년 이상이죠. 이때 주의할 것은 경력인정대상기관에서 일한 경력만 인정된다는 거예요. 2023년 12월 기준으로 203개 기관이 있고, 인증 평가를 거쳐 변동이 생기기 때문에 꼭 확인해야 해요. 제가 일하는 수원시립미술관도 3년에 한 번씩 경력인

정대상기관으로서 자격이 있는지 평가를 받아요. 이 모든 과정을 마치면 박물관·미술관 학예사운영위원회의 심의를 거쳐 자격증을 취득하게 돼요. 심의에서 중요한 건 실무경력 기간인데요, 산정 기준이 조금 까다로워요. 상주 근무(주 5일 근무)를 기본으로 하고 근무 기간 1년과 총 근무시간 1,000시간 이상이라는 조건을 동시에 충족시켜야 해요.

다음이 3급 정학예사로 박사학위 취득자로서 경력인정대상기관에서의 실무경력이 1년 이상이거나, 석사학위 취득자로서 경력인정대상기관에서의 실무경력이 2년 이상이거나, 또는 준학예사 자격을 취득한 뒤 경력인정대상기관에서의 재직경력이 4년 이상인 사람이 취득할 수 있어요. 2급 정학예사는 3급 정학예사 자격을 취득한 뒤 경력인정대상기관에서의 재직경력이 5년 이상이어야 하고, 1급 정학예사는 2급 정학예사 자격을 취득한 뒤 경력인정대상기관에서의 재직경력이 7년 이상인 사람이 취득할 수 있어요. 자격증은 조건을 충족한 사람이 신청하면 박물관·미술관 학예사운영위원회의 심의를 거쳐 부여되는 거예요.

[편] 학력이 높으면 실무경력기간이 짧아지는 것 같아요?

박 네. 대학 졸업자는 준학예사 자격을 취득하고 4년의 경력이 있어야 3급 정학예사가 될 수 있는데, 석사학위가 있으면 준학예사 자격을 취득할 필요 없이 경력 2년 이상이면 정학예사가 되는 거예요. 실제로 인턴 중에는 석사학위를 가진 사람이 많아요. 석사 논문을 쓰고 학위를 받으면 여성의 경우라도 27, 28살이에요. 남성은 30살이 넘기도 하고요. 그 나이면 대학을 졸업하고 회사에 취직해 어느 정도 경력이 쌓여있을 때인데 학예사는 인턴 생활을 하는 거죠.

편 인턴으로 일하며 경력을 2년 이상 쌓으면 정학예사가 되는 건가요?

박 인턴은 일을 배우는 사람들이잖아요. 다른 일은 보통 인턴을 마치면 본업을 시작할 수 있는데, 학예사는 일의 특성상 인턴 다음에 코디네이터라는 단계가 하나 더 있어요. 인턴은 전시 기획에 부수적으로 따라오는 업무를 해요. 기본적인 서류 작업이나 비교적 간단한 업무죠. 코디네이터가 되면 큐레이터와 발맞춰 전시 진행을 직접적으로 보조하는 일을 해요. 예를 들어 전시회 개막전에 작가를 초청했다면 학예사가 기자회견이나 다른 일을 준비할 때 작가를 응대할 수도 있고, 전시 현장에서 학예사와 함께 필요한 작업을 할 수도 있고요.

편 인턴과 코디네이터로 경력을 얼마나 쌓아야 3급 정학예사가 될 수 있을까요?

박 자격증 취득 요건에 따라 4년을 채워야 하는 사람도 있고, 2년을 채워야 하는 사람도 있는데요. 그 기간만 딱 채운다고 모두 정학예사가 되는 건 아니에요. 어떤 일을 했느냐도 중요하죠. 보통 인턴으로 시작해서 코디네이터까지 마치려면 2년은 걸리는 것 같아요.

어떻게 큐레이터가 되는 건가요

[편] 큐레이터가 되는 방법은 무엇인가요?

[박] 공개채용 방식으로 뽑아요. 미술관마다 필요로 하는 분야가 다 달라서 채용공고를 잘 봐야 해요. 거기에는 어떤 직무를 하는 사람을 뽑으려고 하는지, 어떤 자격증이 필요한지 다 제시되어 있어요. 미술관이 국립인가, 도립인가, 시립인가, 사립인가에 따라서도 각각 원하는 직무가 다 달라요. 그에 따라 우대사항도 있죠. 그러니 본인이 준비한 분야에 맞는 미술관을 선택해야죠. 공개채용은 보통 1차 서류전형과 2차 면접으로 진행해요.

1차 서류전형은 응시 자격요건에 충족되는 사람 중 선발 예정 인원의 3배수 내지는 4배수를 뽑고 2차 면접에서 합격자를 가려요. 면접을 보는 방식은 기관마다 달라요. 미리 직무수행계획서를 제출해서 그 내용을 물어보는 경우도 있고, 박사나 석사 학위자가 졸업논문 요약본을 제출했을 때는 논문에 대해서 질문을 할 수 있어요. 또 면접전형 당일에 필기시험을 보는 곳도 있어요. 직무능력 평가를 위한 논술형 문제를 내고 답안을 작성하면 그 내용으로 면접을 보는 거죠.

편 면접은 어떻게 준비하면 좋을까요?

박 직무수행과 관련한 것을 잘 준비하는 게 제일 중요해요. 직무수행계획서를 미리 내는 곳이라면 이 직무를 수행하기 위해 필요한 항목들이 몇 개가 있는데 그 안에 요청하는 직무에 맞는 내용을 녹여 넣어야 하죠. 예를 들어 국제 교류가 가능한 전시 기획 역량을 갖춘 학예사가 필요한 미술관이 있다면 직무수행계획서에 '외국의 어떤 기관과 협력하여 이런 전시회를 열고 싶다'는 기획안을 쓰는 거예요. 그 내용을 중심으로 면접관이 질문하면 막힘없이 답을 해야 하고요. 직무 관련한 필기 시험을 보는 곳이라면 예상 문제에 대한 답안을 작성하는 준비를 해야죠. 어떤 문제가 나오더라도 본인의 전문지식과 역량이 잘 드러내도록 말이에요.

편 직무 분야에 따라 면접의 내용도 달라지는 거죠?

박 미술사나 미술관에 관련된 질문은 거의 빠짐없이 나오는 것 같아요. 이건 어떤 분야의 학예사라도 알고 있어야 할 기본적이고 공통적인 내용이니까요. 그리고 직무 분야에 따라 면접관도 다르고 내용도 달라져요. 저는 전시 기획과 국제 교류가 가능한 직무에 지원했는데, 면접관 다섯 분 중 한 분이 영어로 질문하셨어요. 저도 영어로 대답했고요. 또 다른 예로 지역 미술과 관련한 직무라면 지역 미술사를 연구하는 분이 면접관으로 와서 지원자의 논문이 지역 미술과 관련한 것인지 등을 평가하고 질문해요. 본인이 지원한 기관의 특성이나 방향성을 이해하고 면접 준비를 하는 것이 매우 중요하죠.

[편] 우대사항도 영향을 미치나요?

[박] 아무래도 비슷한 역량을 가진 지원자가 많다면 우대사항이 있는 지원자가 유리하겠죠. 국공립미술관은 3급 학예사 자격증이 필수인 곳도 있고 우대사항으로 들어있는 곳도 있어요. 자격증이 없다고 다 불리한 건 아니에요. 경력이나 논문을 통해 본인의 장점을 드러낼 수 있는 거니까요. 반면에 사립미술관은 3급 학예사 자격증을 필수로 제시하는 곳이 많아요. 정학예사 자격증이 없더라도 지원서를 낼 수도 있지만 자격을 갖추었다면 자격증을 취득하는 걸 추천해요.

미술관 큐레이터의 세계

이 직업의 장점은 무엇인가요

[편] 이 일의 장점은 무엇인가요?

[박] 매일 다른 일을 한다는 게 장점이에요. 매일 출근해서 일은 하는데 같은 일은 하나도 없어요. 일반 기업에 다니는 친구들이나 직장인들의 이야기를 들어보면 너무 지루하다고 하더라고요. 마치 자신이 하나의 부품처럼 돌아가는 느낌이라고요. 그런데 저희는 매번 다른 전시를 하고 다른 작가를 만나고 공간도 다르게 연출하니까 같은 일을 하는 데서 오는 지루함이 없어요. 대신 그만큼 새로운 상황에 빨리 적응해야 하고 책임도 많이 따르죠.

미술관에서는 같은 전시회나 전에 했던 전시와 비슷한 전시를 열지 않아요. 매번 새로운 전시를 여는데 그럴 때마다 '이번엔 어떤 컬러를 써 볼까, 시안은 무엇을 다르게 빼볼까', 이런 고민을 해요. 새로운 시도를 하고 창의성을 발휘하는 거죠. 이런 게 매력적이에요. 또 전시마다 집중해야 하는 부분이 다 달라요. 예를 들어 미디어 전시라면 영상 장비나 전기 시스템 같은 것들이 아주 중요해요. 여러 장비에서 영상을 계속 틀어야 하니까 그 와트 수를 견뎌야 하는 장비가 필요하거든요. 그러면 전문가들과 계속 고민하고 소통하는 거예요. 미디어 장비가 이렇게 들어왔을 때, 이것과 저것을 연결했을 때 충분한 출력이 나올 건지 등을 고민하고 계산하는 거죠. 이건 다른 전시에서는 중요하지 않은 부분이지만 영상 전시에서는 엄청나게 중요해요. 전선을 어떻게 배치할 건지 등 전시 공간 내 설비 문제도 함께 고민하죠. 이런 일이 쉬운 것만은 아니라서 때로는 스트레스를 받기도 하는데 그래도 새롭게 시도해 볼 수 있는 일이 많다는 게 좋은 점이죠.

학예사들끼리는 우리 직업을 백조라고 표현해요. 바깥에서 볼 때는 우아해 보이는데 실제로는 온갖 궂은일도 해야 하거든요. 하지만 이런 일들을 다 해내고 전시를 대중에게 선보일 때는 '내가 해냈구나!' 하는 성취감이 크죠. 특히 난관이 좀 많았던 전시가 호평을 받을 때는 카타르시스를 느끼기도 해요.

편 다른 직업과 비교했을 때 이 직업만의 특성은 무엇이라고 생각하세요?

박 일반 기업에 다니거나 다른 전문 직종을 가진 친구들이나 지인들이 저보고 매번 다른 일을 하니까 좋겠다는 말을 종종 해요. 다들 10년 이상 일을 한 사람들인데 반복되는 업무가 지루하고 사람을 무기력하게 만든다고도 하고요. 또 주도적으로 업무를 추진하기보다는 주어진 업무를 하니까 부품같이 느껴

🖼 2022년 전시 개막식에서 에르빈 부름과 함께

진다는 이야기도 하면서 좀 부러워해요. 그런 것에 비하면 학예사는 본인이 추진하는 전시에 대한 결정권이 있고 주도적으로 기획할 수 있는 장점이 있어요. 물론 상급자분들의 승인을 받아야 하는 일도 있지만 일을 추진할 때 80퍼센트 이상 결정할 수 있는 자율권이 주어져요. 전시 제목부터 작품 선정, 전시 방법 등 주요 사안도 담당 학예사가 주도적으로 제안하고 진행해요. 이런 측면에서 보면 일을 통해 자아 성취감을 크게 느

🖼 2018년 기획전 개막식

낄 수 있는 직업이죠. 반면에 책임의 무게도 무겁죠. 일이 잘못
되면 내 책임이라는 생각이 크기 때문에 거기에서 오는 스트
레스도 많아요. 학예사에게 전시는 곧 작품이에요. 이 작품으
로 대중에게 평가를 받는 거니까 그 책임감이 크죠.

이 일의 단점은요

[편] 반대로 이 일의 단점은 무엇인가요?

[박] 정학예사가 되기까지 오랜 시간이 걸린다는 것이 단점인 것 같아요. 대학원을 졸업하거나 수료하고 20대 후반에 인턴을 시작해서 코디네이터까지 마치려면 2~3년은 걸리니까 빠르면 30대 초반이고 대체로는 30대 중반에 정학예사가 될 수 있어요. 이건 거의 정해진 길이라서 누구나 경험하는 과정이에요. 그래서 미술관에서 일하는 코디네이터도 대부분 30대 초반이거든요. 학부만 졸업하고 바로 일반 기업에 들어간 사람들과 비교했을 때 직급이나 연봉이 차이가 나죠. 대리급이 되었을 나이에 신입 학예사가 되는 거니까요. 일반기업에 취직하는 것보다 학예사가 되는 게 훨씬 시간이 오래 걸리는 편이에요. 하지만 이 직업은 일반 사무직과는 달리 전문적인 분야라 경력이 쌓일수록 정년 없이 일할 수 있다는 장점도 있죠.

[편] 현장에서 일하면서 느끼는 단점도 있을 것 같아요.

[박] 장점이 곧 단점이죠. 같은 일을 주기적으로 반복하면 일하는 기술이 늘어요. 노하우라고 할까요. 또 일하는 중에 발생하는 문제를 예측할 수 있고 해결하는 방법도 대체로 알 수 있

어요. 그런데 매번 다른 일을 한다는 건 어떤 상황이 발생할지 예측할 수 없다는 문제도 있어요. 생각지도 못했던 문제가 발생하기도 하거든요. 그래서 항상 원안대로 되지 않을 때를 대비한 대책도 가지고 있어야 해요. 만약 이게 안 된다면 다른 것으로 대체할 것을 빨리 찾아내야 하죠.

학예사가 맡은 전시는 오직 그 사람만 의도한 것을 정확하게 전달할 수 있다는 것도 단점일 것 같아요. 전시 준비를 하면서 여러 분야의 사람들에게 일을 맡기면 사람들이 저를 계속 찾아요. "이건 어떻게 해야 할까요?", "이것 좀 빨리 준비해 줄 수는 없나요?" 등등 제 의견을 정말 많이 물어봐요. 기획한 사람만이 알 수 있는 게 워낙 많으니까 이미 주문하고 결정했더라도 실행 단계에서는 점점 더 세세한 것들까지 결정하는 건 저의 몫이거든요. 물론 전시 준비 과정은 모두 기록으로 남기죠. 그런데 기록에는 아주 세세한 것까지 남기지는 않아요. 시안을 잡는 데 처음에는 노란색으로 해봤다가 파란색으로 바꿀 수 있잖아요. 전시도 하나의 작품과 같아요. 머릿속에서 생각한 대로 밑그림을 그려봤더니 뭔가 마음에 들지 않아요. 그림 다르게 그려보고 또 채색하는 과정에서 변화를 줄 수도 있어요. 그런 것처럼 전시 기획도 여러 가지 시도를 하는 과정이 있어요. 이런 시도와 변화의 과정을 기록으로 모두 남기는 것도 어렵고 매우 주관적인 것들이 많기 때문에 생각한 것들이 그대로 전달되기는 어렵죠. 그래서 학예사가 전시 준비를 하다가 아프다거나 무슨 일이 생겨서 중단하는 일이 생기면 다른 사람이 이어서 준비하기가 참 어려워요. 거의 대체 불가한 일인 거죠.

이 일을 잘하기 위해 따로 노력하는 게 있나요

편 평상시에 이 일을 잘하기 위해 노력하는 게 있나요?

박 영어 공부를 꾸준히 해요. 어려서부터 자연스럽게 습득한 언어가 아니라서 자꾸 단어를 잊어버려요. 예를 들면 사과는 영어로 'apple'인데 단어는 생각나지 않고 "왜 그 빨갛고 동그란 과일 있잖아"라고 설명하는 거죠. 그러면 상대방이 "딸기? 사과?"하고 묻는 식이죠. 이렇게 뭔지는 알겠는데 정확한 단어가 떠오르지 않을 때가 있어요. 한동안 영어를 사용하지 않으면 실력이 내림세였다가 외국에서 작가나 전시 관계자들이 와서 일주일 정도 지나 외빈이 거의 한국을 떠날 때가 되면 상승세가 돼요. 평상시에는 영어를 사용할 일이 거의 없어서 자꾸 영어 단어를 까먹으니까 그걸 보완하려고 시간을 내서 영어를 공부하고 있어요.

편 다른 미술관에서 하는 전시도 많이 보시나요?

박 해외 전시를 많이 보려고 노력해요. 저는 여행과 일을 철저하게 구분하는 편이에요. 전시를 보러 외국에 가는 건 업무처럼 스케줄을 짜고 해야 할 일, 봐야 할 것 등 체크리스트를 만들어서 낭비하는 시간이 없도록 준비해요. 해외 전시를 보

🖼 투르 올리비에 드브레 현대창작센터에서

예술가의 속삭임을 관람객에게 들려주는
미술관 큐레이터

러 가는 때도 휴가를 사용하지 않고 주말이나 연휴에 가는 편이에요. 금요일에 퇴근하고 밤 비행기를 타고 홍콩에 가서 다음날 하루 종일 전시만 보고 일요일 저녁에 돌아오는 식이에요. 이럴 때는 밥 먹는 시간도 아껴요. 아침에 호텔 조식 먹고 나가서 종일 돌아다니는 거죠. 최대한 짧은 기간 동안 많은 전시를 봐야 하니까 배고프면 걸어가면서 사과나 간단한 것들을 먹어요. 누가 보면 걷기 훈련한다고 생각할 정도로 많이 걷죠.

편 일을 위해 하는 또 다른 노력이 있다면요?

박 운동을 하죠. 제가 앞에서도 체력을 강조했잖아요. 체력이 필요할 때를 대비해서 근력 운동을 하고 있어요. 직업적으로 필요해서 시작한 운동이 스트레스를 푸는 데 도움이 되더라고요. 큐레이터는 전시를 하기 위해서 몰두하는 직업이에요. 내가 말하고 싶은 것, 생각하는 것을 전시로 보여주는 건데 자신만의 생각에 너무 깊이 빠져버리면 자기 안에 갇혀버려요. 혼자만의 세계에서 빙빙 도니까 객관적으로 상황을 파악하기가 어려워요. 그런데 운동을 하면서 전시 생각을 잊고 있다가 돌아와서 전시 준비 상황을 보면 객관적으로 보여요. '이건 왜 이랬지?' 하면서 한 발짝 떨어져서 볼 수가 있어요. 운동이 그래서 좋더라고요. 재충전이 되니까 오히려 일하는 데 도움이 돼

🖼️ 파리 퐁피두 센터에서

예술가의 속삭임을 관람객에게 들려주는
미술관 큐레이터

요. 그래서 전시 준비에 빠져있을 때 친구나 지인을 만나는 것
같은 외부 활동은 하지 않지만, 저 혼자 잠시 전시 상황을 떠
날 수 있는 일을 일부러 만들어서 하는 편이에요.

국공립미술관이기 때문에
큐레이터가 더 해야 하는 일이 있나요

편 국공립미술관이라서 사립미술관이나 다른 기관에서 일하는 큐레이터보다 더 해야 하는 일도 있나요?

박 우선 행정적인 업무가 많아요. 국공립미술관은 국민/시민들의 세금으로 운영되기 때문에 공공성과 투명성이 중요해요. 제가 일하고 있는 수원시립미술관의 예를 들어볼게요. 학예팀에서 다음 년도에 할 전시회 기획안을 마련해요. 그러면 미술관의 예산을 편성하는 시의 부서에 기획안을 제출하고 여러 단계의 검토를 거쳐 각 책임자가 검토 결재하고 시의회의 의결을 거쳐야 해요. 기획안에는 예산이 얼마나 필요한지도 포함돼요. 작품 운송비와 보험료는 얼마, 해외 작가의 경우 초청 비용은 얼마, 전시장 설치 비용은 얼마, 각종 인쇄물에는 얼마의 비용이 들 것이라는 산출내역서가 들어가 있어야 해요. 그러려면 대략 한 전시회에 들어가는 비용을 추산해야 하죠. 아무 근거 없이 예산을 책정할 수 없으니까요. 무슨 일을 진행할 때는 공공성에 맞는지 생각해 봐야 하고 책정된 예산을 사용할 때는 예산의 집행이 매우 투명해야 해요. 나중에 예산 집행이 잘 되었는지 감사도 받고 담당자를 불러 소명하라고 할 수도 있어요.

[편] 학예사는 대부분 미술을 전공한 분들일 텐데 행정적인 일은 좀 힘들 것 같아요.

[박] 힘들죠. 학교에서는 이런 걸 배우지 않아요. 이런 일을 한다는 것도 모르는 사람이 대부분일 거예요. 그런데 현실은 학예사가 무엇을 전공했든 상관없이 국공립미술관에서 일한다면 누구나 행정 업무를 해야 한다는 거예요. 물론 처음엔 힘들어요. 각종 행정 서류 작성하고 예산을 짜는 게 분명 쉬운 일은 아니죠. 하지만, 이 일도 하다 보니 익숙해지더라고요. 요즘엔 뉴스를 보면서 다음에 시에서 내려올 공문을 예측하기도해요. 크게는 국가가 세운 문화사업의 기조를 대부분 시에서도 따르니까요.

[편] 사립미술관은 이런 행정적인 일이 좀 적을까요?

[박] 국공립미술관에 비해 행정 절차가 간소한 걸로 알고 있어요. 만약 제가 작품을 운송하는 업체를 바꿔야 한다면 그 이유를 행정적인 절차에 맞게 서류로 작성해서 변경 결재를 받아야 해요. 앞에서 말했듯이 결재는 한 곳이 아니라 단계를 거쳐요. 그런데 사립미술관의 경우 책정된 예산 내에서 대표자

의 승인만 있다면 긴급하게 변경되는 것은 크게 문제 삼지 않는 것으로 알고 있어요. 예를 들어 전시를 끝내고 작품을 운송해야 하는데 처음에는 인천에서 홍콩으로 가는 거였어요. 그런데 전시회를 준비하는 도중 작가가 일본에서 전시회를 열기로 한 거예요. 그러면 작품을 홍콩으로 보낼 게 아니라 일본으로 보내면 작가와 일본에 있는 미술관에는 좋은 일이죠. 이런 일이 생겼을 때 사립미술관은 예산 안에서 가능한 것이라면 운송 변경을 문제없이 빨리 결정할 수 있을 거예요. 반면에 국공립미술관은 이런 사유가 발생해서 변경을 요청한다는 서류를 본청의 관련 여러 부서에서 검토를 받고 결정하는 데 걸리는 시간이 한 달 정도예요. 왜 이런 상황이 발생한 건지, 이렇게 변경하는 게 타당한 건지 검토하거든요. 그래서 한 달 이상의 여유가 없는데 작가와 외국의 미술관이 이런 변경을 짧은 시간 안에 요청하면 들어주지 못할 때도 있어요.

편 실제로 그런 일이 있었나요?

박 2021년도에 네덜란드의 대표적인 사진작가 어윈 올라프 Erwin Olaf의 전시를 열었어요. 한국-네덜란드 수교 60주년 기념전으로 《어윈 올라프: 완전한 순간-불완전한 세계》라는 제목으로 2021년 12월 14일부터 2022년 3월 20일까지 개최했어요. 당시까지만 해도 어윈 올라프의 아시아 전시 중에서 최대 규모였어요. 어윈 올라프는 코로나19 정부 방침 때문에 한국에 오지 못했는데 직접 전시회를 보지 못해서 너무 아쉬워했어요. 전시회를 마치고 작품 포장을 하고 있을 때 작가에게 연락이 왔어요. 국립대만미술관 측에서 이 기획을 그대로 가져가고 싶다는데 도와줄 수 없겠냐고요. 전시 기획을 그대로 가져가 크레딧을 수원시립미술관 것으로 하고 국립대만미술관 측은 운영만 하겠다는 거였어요. 이건 정말 너무 좋은 기회였죠. 작가가 도움을 요청한 부분은 작품을 네덜란드로 보내지 말고 바로 대만으로 보내면 안 되겠느냐는 것이었어요. 전시회가 끝나기 한 달 전, 아니 2주 전만 저에게 얘기해 줬더라면 제가 어떻게든 방법을 찾아봤을 텐데, 그때는 이미 작품을 포장하고 있는 단계이고 운송 업체와 계약이 다 되어있는 상황이라 계획을 바로 변경하는 게 불가능했어요. 그래서 작가에게 사정을 설명했죠. '작품의 도착지를 네덜란드에서 대만으로 바꾸려면 한국에서 행정적인 절차를 거쳐야 하는데 시간이 오래 걸린다. 그동안 작품을 한국에 두려면 창고를 임대해 보관료를 내야 하고, 보험이 만기다. 보험을 연장하려 해도 우리가 필요해서가 아니라 국립대만미술관의 전시를 위해서인데 그것을 우리 예산으로 지불하는 것은 불가능하다. 이게 우리 전시를 위해서 발생한 일이 아니라 행정 담당부서에서 허가를 하지 않을 것이다, 정말 미안하지만, 작품은 원래대로 네덜란드로 보내야 한다'고 양해를 구했어요. 미리 알았더라면 운송비도 아끼고 국립대만미술관 측에 전시 기획 자료도 그대로 넘기면 되니까 괜찮은 제안이었어요. 하지만 작가도 저도 좀 아쉬웠지만 어쩔 수 없는 일이었어요. 그런데 한 세 달 정도 지났는데 국립대만미술관에서 다시 연락이 왔어요. 2021년에 했던 전시 구성을 재현할 수 있도록 수원시에서 허가만 해준다면 자기네가 네덜란드에서 가져와 똑같이 전시할 테니 전시 기획을 그대로 사용할 수 있게 해달라는 것이었죠. 저희는 상업 기획사가 아니기 때문에 전시 기획을 팔 수는 없어요. 양 기관은 이 전시 개최에 대한 MOU를 맺으며 협력하고 전시 크레딧을 가져오는 거예요. 그러니까 전시 장소는 국립대만미술관이지만 기획자는 수원시립미술관이 되는 거였죠.

국공립미술관이라서 가능한 것도 있을까요

편 국공립미술관이기 때문에 가능한 것도 있을까요?

박 국공립미술관은 교육적인 측면을 강조하는 추세고, 대중의 공감을 얻을 수 있고, 대중적으로 다가갈 수 있는 콘텐츠를 추구해요. 그래서 공공성이라는 목적에 부합하는 방향이면 전시할 수 있는 매체와 작가의 범위가 넓어요. 큐레이터의 자율성과 독립성이 발휘될 수 있는 거죠. 반면에 사립미술관은 운영하는 주체, 즉 사기업의 대표나 관장의 취향이나 판단에 따라 전시의 방향이 결정될 수 있어요. 이 부분은 어쩔 수 없는 것 같아요. 미술관을 설립하는 목적이 기업에 따라 다르니까요. 국공립미술관은 그런 의미에서는 독립 기관이죠.

전시 준비할 때 어려운 일은 무엇인가요

📧 전시 준비할 때 여러 가지 일들이 발생할 수 있다고 하셨어요. 어떤 문제가 생기는 걸까요?

📧 저도 이 일을 10여 년 하면서 놀란 게 있어요. 전시 준비 중에 정말 예상하지 못한 사건들이 일어난다는 거예요. 설마 이런 일이 일어날까, 하는 일도 실제로 일어나요. 전시 개막식에 오기로 했던 작가가 사고가 나서 참석하지 못한 적도 있어요. 또 전시 준비가 차질 없이 진행되고 있는데 작가가 교통사고가 나서 병원에 입원한 경우도 있었죠. 작품을 현장 설치할 때는 작가가 직접 와서 봐야 하거든요. 이럴 때는 빨리 작가의 자리를 대신할 사람을 찾아야 해요. 작가를 대신해 도와줄 수 있는 작가의 어시스턴트나 작가의 성향을 잘 아는 누군가를 찾아서 설치 매뉴얼을 바탕으로 설치해야 하죠. 전시장에 작품 설치 준비를 마치고 작품을 받았더니 작품이 작가가 일러준 크기와 다를 때도 있어요. 작품이 100cm라고 해서 그것에 맞게 액자 등 구조물을 만들어놓았는데 실제로는 120cm였어요. 그럼 그 자리에서 인테리어 공사 담당자에게 연락해 20cm를 확장하거나 보완할 수 있는 방법을 찾아야 해요. 그런데 여기서 끝이 아니에요. 액자 하나가 20cm 커졌다고 무슨 문제가

있을까 싶지만, 이 하나로 인해 연쇄적으로 문제가 생겨요. 액자 사이즈가 확장되면 사실 그 옆에 작품 설명 시트를 붙이기 위해 이미 재단된 것들의 크기를 변경하거나 붙이는 것을 미뤄야 해요. 이렇게 공간이 하나 무너지면 그와 연관된 공간이 연쇄적으로 영향을 받아 문제가 파생되는 거죠. 큐레이터는 그걸 순차적으로 빨리 해결해야 하고요. 꼼꼼함과 멀티태스킹이 필요해요. 챙겨야 할 것이 많고 여러 가지 일을 동시에 해야 할 때가 있어요.

[편] 예측할 수 없는 문제들이 발생하는군요. 이런 일이 생겼을 때를 대비하는 방법이 있나요?

[박] 전시를 준비하는 모든 과정을 엑셀 파일로 문서화하고 있어요. 준비를 하면서 일어나게 될 각종 사고에 대비하는 차원에서 만약 어떤 일을 담당한 사람에게 일이 생겨서 못 하게 되었을 경우 다른 사람이 넘겨받아 일을 이어 나갈 수 있도록 하는 등의 목적도 포함돼요. 그런데 큐레이터가 아무리 완벽하게 준비해도 문제는 생겨요. 여러 사람들이 연계되어서 하는 일이기 때문이에요. 큐레이터 혼자 철저하게 준비한다는 게 의미가 없어요. 다른 사람들의 손을 빌어 하는 일도 많아서 어차피 어디선가 문제는 터지고 해결은 해야 하는 거죠. 그래서

어떤 문제가 발생하더라도 당황하지 않고 해결할 수 있는 마음가짐이 필요해요. 큐레이터로서 준비할 수 있는 것은 가능하면 90~100% 챙기고 있다가 어디선가 터지는 사고에 대비할 수 있는 여유를 가지고 있어야 하죠.

편 국내에서도 문제가 생기지만 국제전을 열 때 발생하는 사고도 있을 것 같아요.

박 코로나19 초기에는 작품을 실은 항공기의 운항이 멈추는 경우도 있었죠. 프랑스에서 작품을 싣고 출발한 항공기가 터키에 멈춰 있는 거예요. 출발할 때는 문제가 없었는데 운항하는 도중 아시아 전역에 코로나19 사태가 심각하다는 소식을 듣고 항공기 운항을 멈춘 거죠. 특히 코로나19 때 생각지도 못한 일들이 발생하면서 많은 것이 바뀌었어요.

또 국제정세와 환율 변동의 영향도 받아요. 해외 작가를 초청해 전시할 때는 운송비와 작가에게 지불해야 할 아티스트 비용 등은 모두 외화로 결제해야 해요. 유로, 달러, 엔화 등 작가의 국적에 따라 다르고요. 운송비 등 해외 비용이 결정된 시점과 지불할 시점에 환율이 크게 차이 날 때가 있어요. 예를 들어 계약할 때는 100달러가 13만 원이었는데 결제할 시점에 15만 원이 되었다고 해봐요. 비용이 적으면 큰 차이가 아닐 수도 있지만 1억 3천만 원을 지불해야 하는 전시였다면 갑자기 1억 5천만 원이 되어버리는 거예요. 전시 예산이 2천만 원이나 증가한 거죠. 전시회와 세계 정세가 무슨 관련이 있을까 싶지만, 생각보다 영향을 많이 받는답니다.

큐레이터의 수요는 많은가요

[편] 학예사의 수요를 어떻게 전망하세요?

[박] 현재 미술관을 지으려는 지방자치단체가 많이 있어요. 경기도만 해도 시립미술관이 없는 용인시와 시흥시, 화성시 등에서 미술관 건립을 추진하고 있어요. 강원도의 춘천시도 준비하고 있고요. 여러 지자체에서 우리 미술관의 운영 방식을 배우려고 방문도 하죠. 경제력이 높아질수록 사회적으로 문화에 대한 투자를 많이 하잖아요. 또 시민들도 문화를 향유하려는 욕구가 높아지고요. 요즘 학부모들은 아이들에게 공부만 하라고 하지 않고 다양한 것들을 보여주고, 다채로운 활동을 경험할 기회를 주잖아요. 이런 수요가 생기니까 지자체에서도 미술관 건립을 추진하는 거죠. 기업에서도 미술관을 건립하려는 곳이 꽤 있어요. 문화 예술에 대한 식견이 높은 경영자들도 많고, 수집해 놓은 작품도 있어서 문화재단을 설립하거나 미술관을 지어서 대중에게 선보이려는 곳도 많아요. 그래서 새로 생기는 미술관이 앞으로는 많아질 거예요. 달리 말하면 미래로 갈수록 학예사를 필요로 하는 곳이 많을 거라고 예측해요.

편 새로 건립되는 미술관은 어떤 면에 중점을 두는 게 좋을 것 같으세요?

박 저는 콘텐츠를 담아낼 수 있는 공간에 대해 고민해야 한다고 생각해요. 그런 고민 없이 건물부터 올리면 미술관답지 않게 평범한 빌딩처럼 지어지기도 해요. 미술관의 기능을 하기엔 좀 부족한 건물이 되기도 하고요. 미술관을 하나 짓는 건 엄청난 비용이 들어가는 일이에요. 국공립미술관은 정해진 예산에 맞춰 입찰을 통해 건설 과정에서도 공공성을 가져야 하니까 제약이 좀 있는 편이라 기대하는 것만큼 결과가 나오지 않을 수도 있어요. 이런 부분이 좀 아쉽죠.

편 외국에는 세계적인 미술관으로 이름이 난 국공립미술관도 많이 있지 않나요?

박 외국의 국공립미술관 중에는 유명 건축가에게 의뢰해 건축물 자체가 하나의 작품인 곳도 많아요. 건축에 드는 비용을 아끼지 않았기 때문이에요. 훌륭한 미술관을 지으면 문화 수준도 높아지고 유명 관광지도 될 수 있기 때문에 그만큼 투자하는 것 같아요. 미술관이 그 도시의 아이콘이 되는 곳도 있을 만큼 미술관을 짓는 데 진심인 거죠. 우리나라 사립미술관 중에도 건축물이 예쁜 곳이 있어요. 이런 경우는 미술관을 짓는

주체가 건축가를 선택해 원하는 바를 주문하는 게 가능하니까
그런 것 같아요.

예술가의 속삭임을 관람객에게 들려주는
미술관 큐레이터

근무시간은 어떻게 되나요

편 학예사의 근무시간은 어떻게 되나요?

박 미술관이 주말에도 문을 열기 때문에 학예사도 주말에 근무하지 않냐는 질문을 많이 받아요. 국공립미술관 학예사는 다른 직장인과 마찬가지로 월요일에서 금요일까지 아침 9시부터 저녁 6시까지 하루 8시간 일해요. 공휴일도 다 쉬고요. 미술관이 운영하는 시간 동안 관람객을 응대하는 업무는 다른 부서에서 담당해요. 하지만 휴일인데 학예사가 진행해야 하는 프로그램이 있다면 나와서 일하고 다른 날 대체 휴일을 쓰죠. 이게 국공립미술관에 근무하는 장점이에요. 저희는 주 5일, 하루 8시간 근무에 월차와 연차를 다 사용할 수 있어요. 만약 2시간 연장 근무를 했다면 수당이 있고, 휴일에 일을 하면 대체 휴일을 보장받는 거죠. 사실 '워라벨'이 중요하잖아요. 국공립미술관은 일과 삶의 균형이 어느 정도 이뤄지고 있다고 봐요. 그런데 사립미술관은 그렇지 않을 수도 있어요. 그건 미술관마다 근무 조건이 다른 것으로 알고 있어요.

직급에 따라 업무도 달라지나요

편 미술관에 여러 명의 큐레이터가 있을 것 같아요. 직급에 따른 업무의 변화도 있을까요?

박 미술관마다 학예사의 인원이 달라요. 규모가 큰 미술관은 꽤 많은 학예사가 있는 것으로 알고 있어요. 제가 일하는 수원 시립미술관의 학예팀은 현재 인턴 포함 8명이 근무하고 있어요. 학예팀을 이끄는 팀장님이 있고 그 아래 팀장님을 도와 팀을 이끄는 차석 학예사가 있어요. 그리고 연차별로 학예사들이 있고요. 학예사는 모두 한 팀이지만 담당업무는 조금씩 달라요. 소장품을 수집하고 관리하는 사람, 지역 미술 연구하는 사람, 기획전이나 국제전 위주로 일하는 사람 등이죠. 정리하면 관장님이 계시고 그 아래 과장님이나 실장님, 학예팀을 이끄는 팀장님, 그리고 차석 학예사와 학예사들, 이렇게 구성되어 있어요. 보통 학예사들이 팀 회의를 거쳐 기획안을 올리면 팀장님과 과장님 결재를 받고 관장님의 승인을 받는 구조예요.

편 채용할 때부터 업무 분야를 정하는 건가요?

박 채용공고에 업무 분야가 대체로 정해져 있어서 채용된 후에는 맡겨진 업무 위주로 일해요. 처음에는 본인의 업무를 수행하기도 벅차요. 전시 기획과 연구뿐만 아니라 공공기관이기 때문에 그에 수반되는 행정 업무도 많아요. 점차 연차가 쌓이고 직급이 올라가면 본인의 업무를 하면서 팀의 업무도 하게 되죠.

업무 평가는 어떻게 하나요

편 학예사의 업무 평가는 어떻게 하나요?

박 1년에 한 번씩 성과 평가를 해요. 우리 미술관 내부에서 하는 평가가 아니라 시 차원에서 평가하는 거예요. 한 해 동안 했던 업무를 다 평가해서 S등급, A등급, B등급, C등급으로 매겨서 다음 해 성과급과 연봉에 반영해요. 그래서 직급이 같은 학예사가 여러 명이라 해도 연차와 성과급에 따라 조금씩 급여가 다를 수 있어요. 그리고 미술관마다 업무 평가 방식에 차이가 있을 수 있어요.

편 평가하는 내용과 기준은 무엇인가요?

박 평가서를 작성하는데, 거기에는 저희의 실적을 증빙하는 내용이 들어있어요. 관람객의 전시 참여도나 만족도, 신문 방송 기사 등의 평가 항목이 있어요. 그러면 이런 것들을 종합해서 수치로 보여줘야 해요. 예를 들어 이전 전시에서는 관람객의 만족도가 87%였는데 이번 전시에서는 97%가 나왔다, 기사는 몇 번 나갔다는 내용들이죠. 이런 평가서를 근거로 내부 기관에서 성과를 평가하는데, 만약 평가에 문제가 있다고 생각하면 이의 신청도 할 수 있어요.

어떤 복지 혜택이 있나요

[편] 국공립미술관의 학예사에게는 어떤 복지혜택이 있나요?

[박] 공공기관 학예사는 공무원과 같은 복지혜택이 있어요. 1년마다 건강검진을 해요. 일부 사기업은 2년에 한 번인데 그것에 비하면 더 좋은 혜택이죠. 대체 휴일이나 초과근무 수당은 당연히 있어요. 정말 특별한 회의나 어쩔 수 없이 참석해야 하는 일이 아니면 대체 휴일을 바로 사용할 수 있고, 추가로 연가를 쓰는데 제약이 없어요. 사립미술관이나 소규모미술관에서는 대체 휴일이나 연가를 사용하려면 인원이 적다 보니 약간의 어려움이 있는 곳도 있다는데 저희는 본인 업무에 지장만 없다면 자유롭게 쓰니까 마음의 부담이 없죠. 또 공무원은 연금 혜택이 있어요.

[편] 본인이 원할 때 휴가를 받을 수 있는 건가요?

[박] 각자 연차에 따라 연가가 주어지는데 15일에서 22일 정도 돼요. 휴가철이 딱 정해져 있지는 않고 개인마다 전시 개최 시기가 다르기 때문에 본인이 원하는 시기에 휴가를 정해요. 그리고 팀 내 대직자와 업무 공유만 된다면 대부분은 원하는 때에 갈 수 있어요. 학예사는 전시회를 앞둔 시기가 제일 많이

바쁘니까 그 시기와 연말 예산 정리 기간을 피해 휴가를 가죠. 저는 여름 휴가 기간보다는 봄에 열흘 정도 휴가를 가는 편이에요. 해외로 여행을 갈 때도 있고 국내 여행도 하고요. 사실 법으로 보장된 연가가 꽤 많은데 이걸 다 쓰지 못할 때도 있어요. 그러면 남은 연가에 대해서는 보상을 받아요. 이런 선택을 할 수 있다는 게 좋은 것 같아요.

연봉은 얼마인가요

편 학예사의 연봉은 얼마 정도인가요?

박 국공립미술관의 학예사는 전문직종이에요. 그래서 공공기관에 근무하지만 일반 공무원과는 급여 체계가 달라요. 채용 공고문을 보면 7/8/9급 학예사의 초봉은 직급에 따라 4천만 원에서 6천만 원 정도부터 시작하고, 팀장급이 되면 6천만 원에서 8천여만 원, 실장급이 되면 9천만 원에서 1억 원 정도 돼요. 사립미술관의 학예사 초봉은 이보다 낮은 곳도 많지만 성과에 따라 훨씬 높은 곳도 있다고 알고 있어요. 학예사는 대부분 석사 이상의 학력자가 많아요. 다른 직종에 비해 학력이 높아서 취업하기까지 들어가는 학비와 비용의 지출이 있어요. 그런 면에서 보면 연봉이 그렇게 많은 편은 아니라고 생각해요. 단순히 돈을 많이 벌고 싶으면 다른 일을 해야겠죠. 그렇지만 학예사들은 직업 만족도가 높은 편이에요. 큰돈을 벌기보다는 좋아서 하는 일이라 성취감과 만족감이 있는 것 같아요.

큐레이터에게
궁금한 이야기

가장 기억에 남는 전시는 무엇인가요

[편] 여러 전시를 기획하셨을 텐데 그중에 가장 기억에 남는 전시는 무엇인가요?

[박] 2021년 어윈 올라프의 사진 전시가 어려움도 많았지만, 보람도 컸던 전시로 가장 기억에 남아요. 당시는 코로나19 시기여서 전시를 준비하고 개막하는 데 어려움이 많았고, 전시 마무리 단계까지도 기존에 겪어보지 못한 여러 일이 있었어요. 그런데 이 전시를 대만에서 똑같이 하게 되었어요. 외국에서 전시 콘텐츠를 그대로 가져간다는 건 그만한 가치가 있다는 걸 반영하는 거예요. 만약 사립미술관이었다면 콘텐츠 비용을 받았을 거예요. 콘텐츠를 판매하는 기획사도 있고요. 하

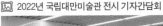
2022년 국립대만미술관 전시 기자간담회

지만 국공립미술관은 그런 상업행위를 하지 않아요. 그래서 국공립미술관끼리는 국경을 초월해서 도움을 주고받는 일이 많아요. 이번에 저희가 도와주면 다른 일로 도움을 받을 수 있는 거죠. 그래서 내부 회의를 거쳐 도움을 주기로 결정했어요.

대만에서 열린 전시회는 대만 분위기에 맞게 색깔을 조정하고 포스터 디자인만 조금 바꿔서 약간 달랐을 뿐 전시 타이틀이나 각종 인쇄물 등은 모두 같았어요. 국립대만미술관에서 개막식에 우리 미술관에서 2명을 초청했어요. 저를 전시 기획자로 초청했기 때문에 개막식과 기자간담회를 참석해야 했어요. 당시 아시아에 코로나19가 극심한 때여서 한국이고 대만이고 입출국 절차가 매우 까다로웠어요. 입국한 나라에서 일정 기간 격리하고 한국에 들어오면 또 격리해야 했죠. 사실 그

🖼 2022년 국립대만미술관 전시개막식에서 전시 설명

PERFECT M
INCOMPLETE
ERWIN OLA

埃爾溫・奧拉

完美

未竟世

2022
8.13 – 11.27

策展人 Curator/ PARK H

래서 2021년도에 어윈 올라프 작가가 한국에 오지 못했어요. 한국에 도착해서 2주 격리, 네덜란드로 돌아가서 2주 격리해야 하는데 쉽지 않은 일이었죠. 하지만 제 전시가 대만에서 열리는 거라서 가서 도와줘야 하니까 어쩔 수 없이 양쪽에서 격리 생활하는 걸 감안하고 대만으로 갔어요. 그때 인천국제공항과 대만국제공항에 사람이 없는 걸 처음 봤어요. 깜짝 놀랐죠. 여하튼 우리 미술관에서 2명이 개막식에 참석하기 위해 대만으로 향했고, 저는 이제 대만에서 작가 어윈 올라프를 직접 만날 수 있겠구나 싶어서 기대했었어요. 전시 준비를 할 때 페이스타임으로 연락하면서 화면으로 전시 준비를 보여드리고 같이 대화하면서 맞췄지만, 코로나19로 실제 만난 적이 없어서 기대했는데 건강이 좋지 않았던 어윈 올라프는 대만에도 오지 못했어요. 그런데 다음 해인 2023년에 돌아가셨어요. 한국 전시회와 대만 전시회가 굉장히 성공했는데 작가는 그걸 직접 못 본 것을 너무 아쉬워했어요. 그래서 더 기억에 많이 남아요.

편 대만에서 학예사님이 기획한 전시회를 볼 때 남다른 감회가 있었을 것 같아요.

박 국립대만미술관에서 어원 올라프 전시회 개막식을 끝내고 전시를 둘러볼 때였어요. 어떤 분이 한국말로 저한테 말을 거는 거예요. 대만에 살고 있는 사람인데 한국에 있을 때 수원에 볼일이 있어서 갔다가 이 전시회를 봤대요. 좋아하는 사진 작가의 전시회가 열린다니까 보신 거예요. 전시회를 보고 기억에 남았는데 대만에서 똑같은 전시를 한다는 말을 듣고 개막식에 왔다고 하더라고요. 저는 너무 놀라웠고 또 정말 감동이었어요. '아, 세상에 이런 일도 있구나!' 싶어서 전시를 열심히 준비해야겠다는 마음이 저절로 들더라고요. 이렇게 지켜보고 있는 분들이 있구나 싶었던 거죠.

전시회가 끝나면 어떤 기분이 드세요

편 힘들게 준비했던 전시회가 막을 내리면 어떤 기분이 드세요?

박 전시의 마무리는 작품을 포장해서 내보내는 거예요. 그때는 시원섭섭한 마음이 들죠. 전시 기간 사고가 있었다면 있었던 대로 없었다면 또 그런대로 시원하고, 무엇보다 작품이 파손되는 사고가 일어나지 않은 게 가장 안심이 되는 거죠. 그런데 작품이 포장되어 차에 실려 나가는 걸 보면 섭섭한 감정이 들어요. 오랫동안 품고 있던 자식을 떠나 보내는 것 같다고 할까요. 도착지에 잘 가는지도 걱정되고요. 전시 철거할 때는 영상으로 기록을 남겨요. 사람들이 와서 작품을 철거해서 포장하는 모습, 이동하는 모습, 차에 실리는 모습, 차가 전시장을 빠져나가는 모습까지 모든 과정을 카메라로 찍어 두죠. 미술품을 전문적으로 운송하는 업체에서 나와 포장하고 커다란 컨테이너에 싣고 이동할 때는 작품을 떨어뜨릴까 봐 걱정도 하고 작품을 실은 컨테이너 화물차가 골목을 돌아나가는 순간에는 눈물이 핑 돌기도 해요. 그게 이별의 감정인 것도 같아요. 정이 많이 들었던 작품들과 이별하는 느낌이죠.

편 전시회마다 그렇게 이별하시는 거예요?

박 여러 번 겪는 일이라 전시회를 많이 하면 익숙해질까 했는데 작품을 떠나보내는 아쉬움은 줄어들지 않는 것 같아요. 여러 번의 전시를 경험하면서 점차 작품을 철거하는 일은 능숙해지는데 오히려 아쉬운 마음은 더 생기는 것 같아요.

 2023년 전시 관련 인터뷰 전경

이 일을 하면서 생긴 직업적인 습관이 있을까요

[편] 어떤 직업이나 일을 하다 보면 일과 관련한 직업적인 습관이 생기는 것 같아요. 큐레이터는 어떤 습관이 있을까요?

[박] 관람객의 입장에서 전시를 감상하는 게 어려워요. 전시를 기획하는 직업이니까 다른 사람이 기획한 전시회도 많이 보러 가요. 그런데 전시를 관람객의 입장에서 보는 게 아니라 만드는 사람의 입장에서 보는 거예요. 전시장에 처음 들어가자마자 '아, 공간을 왜 이렇게 나눴지? 편하지 않네' 하면서 전시 공간을 살펴 보고, '이건 어떻게 설치했지?' 하면서 설치물의 구조나 연결장치 등을 유심히 보거나, 나무를 사용한 전시에서는 '자작나무를 사용했구나'라며 재질이 뭔지 찾아내요. 또 작품이 걸려있는 걸 보고는 수평이 안 맞았다는 걸 금방 알아채요. 일반인은 잘 구별하지 못하는 미세한 차이도 금방 눈에 들어와요. 그런 때 실제로 수평자를 사용해서 체크해보면 수평이 안 맞더라고요. 색감의 차이도 금방 알 수 있어요. 전시장은 전시가 설치되기 전에는 하얀색이지만 전시의 목적과 특성에 따라 벽면 전체를 다른 색으로 도색을 하기도 해요. 그런데 색감이 좀 다르게 칠해진 것들이 있어요. 살짝 달라서 관람객은 대부분 눈치채지 못하겠지만 저는 그런 것들이 눈에 들어

오는 거죠. 그뿐이 아니라 도록을 받아서 읽다가 저도 모르게 오탈자를 고르고 있기도 해요. 그러니까 전시를 보는 게 아니라 전시를 복기하는 마음인 것 같기도 해요. 제가 만든 전시도 아닌데 말이에요.

편 일상에서도 이런 습관이 이어지나요?

박 저는 어느 공간이든 정리된 상태를 좋아해요. 수건을 접을 때 호텔식으로 접어서 딱딱 제자리에 넣어놓는 습관이 있어요. 어디 소파에 앉았는데 시트가 조금이라도 떠 있으면 꾹 눌러주고, 카페에 가면 공간을 보고 사소한 것도 보면서 '끝마무리가 왜 저렇게 됐지?' 하는 생각들을 무의식적으로 하고 있어요. 보이는 것에 예민해요. 공간을 시각적으로 보여주는 직업이니까 남들이 보지 못하는 아주 미세한 것까지 눈에 보여요.

그리고 거의 항상 가방에 뭔가를 잔뜩 넣어 다녀요. 책이며 서류, 자료들을 넣은 에코백도 필수로 가져 다니고요. 저뿐만 아니라 동료 학예사들도 그래요. 언제 어디를 가든 일이 생각나니까 뭔가 독특한 걸 보면 '이거 좋네, 다음에 써볼까?' 이런 생각도 하고, 뭔가 떠올랐을 때 준비하고 있는 전시 자료도 보고 집에 가서도 시간 나면 보려고요. 일과 생활이 좀 떨어지면 좋을 텐데 내가 뭘 놓치고 있는 건 아닌가 불안해서 가방을 안

열어보더라도 그걸 다 가지고 다녀야 마음에 안정감이 생기는
것 같아요.

🖼 뉴질랜드 남섬에서

스트레스는 어떻게 해소하세요

편 스트레스 해소는 어떻게 하세요?

박 대학 다닐 때는 지하철을 타고 밖의 풍경을 보며 그냥 종점까지 갔다가 돌아오곤 했어요. 특히 4호선은 바깥이 보이는 구간이 많고 여름엔 시원하고 겨울엔 따뜻하고 쾌적하잖아요. 출퇴근 시간을 피해서 사람이 많지 않을 때 타서 그냥 바깥 풍경 보면서 끝까지 가는 거예요. 생각할 게 많으면 오히려 백색소음이 있는 게 더 집중에 도움이 되기도 하듯이 지하철 안에서 나는 소리를 듣고 타고 내리는 사람들도 보고 또 바깥 풍경도 무심히 보면서 혼자 생각하는 시간을 가졌어요. 한 시간 반, 두 시간 이렇게 다녀오면 생각도 정리되고 스트레스도 풀리는 느낌이 들었죠. 요즘엔 지하철을 타는 건 아니지만 바깥 풍경이 보이는 카페 같은 공간에 앉아서 아무것도 안 하고 가만히 앉아 있어요. 멍하게 있기도 하고 생각이 나면 나는 대로 생각을 따라가다가 또 심심하면 사람들이 움직이는 것도 보고 옷차림도 구경하죠. 저는 스트레스가 심하면 이렇게 무신경 상태를 만드는 것 같아요. 복잡한 생각을 덜어내고 아무것도 생각하지 않거나 아주 가벼운 느낌으로 약간 머리를 정지시켜 놓는다고 할까요. 그러고 나면 좀 괜찮아져요.

같은 맥락인 것 같은데 잠을 몰아서 자는 방법도 있어요. 저는 원래 잠을 잘 자요. 눈 감고 5분 안에 잠드는 편이라 불면증 같은 건 없는데 일에 집중해야 할 시기에는 자는 둥 마는 둥 하는 날들이 있어요. 온통 신경이 일에 쏠려있는 때라 자면서 문제를 해결할 방법을 찾아내기도 하죠. 또 일을 해야 할 때는 잠을 안 자고도 잘해요. 그런데 스트레스가 좀 많이 쌓이면 온종일 잠만 자는 날도 있어요. 밥도 안 먹고 아무것도 안 해요. 마치 몸에서 누가 'switch off' 버튼을 누른 것처럼 다 내려놓고 잠만 자요. 그러고 나면 몸도 마음도 개운해지는 것 같아요.

스트레스를 푸는 방법은 사람마다 다 다른 것 같아요. 맛집에 가서 맛있는 것을 먹으면 행복하다는 사람도 있어요. 그런데 저는 번잡한 걸 안 좋아해서 맛집에 사람들이 줄 서 있고 10분 이상 기다려야 할 것 같으면 옆집에 가요. 맛집의 옆집도 맛있어요. 저는 혼자 여행 가는 것을 좋아해요. 사람들이 제가 국제전 준비나 외국에 있는 전시회를 보기 위해 외국에 다녀오는 일이 많으니까 여행 많이 다녀서 좋겠다고 부러워하기도 하는데 그건 여행이 아니라 일이죠. 저에게 여행은 무엇을 해야겠다는 계획이 없는 여행이에요. 유명한 관광지 아닌 곳에 가서 그냥 눈이 뜨이는 시간에 일어나 동네 나가서 걸어 다녀요. 다니다가 호기심이 생기면 여기 들어가 보고, 또 신기한

게 있으면 구경하고, 너무 좋아서 또 보고 싶으면 다음 날 또 가보고요. 또 호텔 수영장보다는 바다에서 수영하고 스노클링 하는 것을 좋아해요. 외국의 해변에는 중간중간에 간단히 씻을 수 있는 수도 시설이 있어요. 금방 마르는 가벼운 옷차림으로 수영하고 나와서 간단히 물 뿌려서 바닷물 좀 씻어내고 그냥 걸어 다니다 보면 옷이 다 말라 있어요. 그러면 또 수영하고 대충 씻고 걸어 다니죠. 스트레스가 해소되는 건 업무에서 한 발짝 떨어져 다른 활동을 할 때 같아요.

다른 분야로 진출할 수도 있나요

[편] 다른 분야로 진출할 수도 있나요?

[박] 할 수 있는 일이 많아요. 대표적인 게 아트 디렉터(예술 감독)예요. 실제로 이 분야에 있다가 기업의 아트 디렉터로 많이 가요. 아트 디렉터라는 직업은 워낙 많은 분야에서 쓰이는 명칭이기 때문에 한마디로 규정하는 것은 어려워요. 큐레이터를 하다가 아트 디렉터로 이직하면 대부분은 미술품과 공간을 다루는 일을 하죠. 요즘엔 기업들이 예술에 관심이 많고, '크리에이티브 씽킹Creative Thinking'이라고 해서 창의적인 사고를 중시해요. 그래서 이 두 가지가 합쳐져 새롭고 창의적인 것을 만들어내길 바라요. 예를 들면 자동차 회사에서 일하는 아트 디렉터는 그 회사가 개최하는 아트 관련 행사를 담당해요. 요즘엔 예술과 관련이 없는 회사라도 예술 행사를 많이 하죠. 예술이 좀 고급스럽다는 이미지가 있잖아요. 그래서 기업 이미지의 고급화 전략에 따라 이런 행사들이 많이 열려요. 그리고 자동차 전시장을 미술관처럼 꾸미는 일도 해요. 예술적인 공간에 자동차가 놓여있으면 훨씬 고급스럽게 보이잖아요. 이렇게 기업의 제품과 예술을 연결하려는 시도가 많아요. 영화 현장에서도 아트 디렉터가 공간과 소품을 담당하죠. 이 분야는 시

각적인 것과 관련이 있어서 할 수 있는 일은 정말 많아요.

　또 작품 보존수복 분야의 전문가가 될 수 있고, 미술관에서 교육을 담당하는 교육 학예사도 될 수 있어요. 학예사는 늘 공부하는 일이라 미술과 관련된 공부를 좀 더 학술적으로 하다 보면 미술 도서를 쓰는 전문작가가 되기도 하죠. 대학의 교수가 되기도 하고요. 갤러리에서 업무를 하는 갤러리스트, 작품을 사고파는 옥셔니스트가 되거나, 아트페어와 같은 곳에서 일할 수도 있어요.

이 직업을 소재로 한 드라마가 있나요

[편] 이 직업이 소개된 드라마가 있었던 것 같아요.

[박] tvN에서 방영한 〈그녀의 사생활〉(2019년)이라는 드라마가 있어요. 여자 주인공이 사립미술관의 큐레이터로 나오고 남자 주인공은 미술관 관장이죠. 미술관이 드라마의 배경이어서 큐레이터가 하는 일이 조금씩 나오긴 하지만 드라마에서 중요한 건 스토리잖아요. 그래서 큐레이터의 업무 중에서 좀 멋진 모습만 나왔던 것 같아요.

대학교나 다른 교육기관에서 이 직업에 대한 특강을 해달라는 요청이 있어서 나가면 저희는 맨 처음에 사다리 타는 모습 먼저 보여줘요. 관람객은 완성된 상태의 전시를 보는 건데, 그 작품이 전시장에 걸리기까지 어떤 일이 있었는지, 어떤 일을 해야 하는지는 보이지 않아요. 실제로 작품을 설치할 때는 관련 업체에 의뢰하지만 제가 먼저 설치하는 방법을 고민하고 작업을 지시하는 거예요. 설치되는 과정을 모르면 지시할 수가 없으니까요. 설치된 것을 봤는데 뭔가 잘못되어 있다면 망치를 들고 못질을 하고 사다리를 타고 올라가 조명을 조절하는 등의 일을 하죠. 그런데 드라마에서는 그런 모습이 전혀 없어요. 저희도 보면서 "저건 환상이다"고 말했던 게 기억나네요.

큐레이터의 미래를 어떻게 예상하세요

편 큐레이터의 미래를 어떻게 예상하세요? 미래에도 필요한 직업일까요?

박 요즘 인공지능이 대체할 직업이 뭘까, 라는 이야기가 많이 들려요. 어떤 직업이 없어질까, 또 어떤 직업은 AI가 대체할 수 없을까, 이런 이야기들이죠. 저희도 가끔 AI가 이 일을 대체할 수 있을까에 관한 이야기를 해요. 인공지능은 학습을 토대로 결과물을 내놓는데, 과연 인간의 감성과 관련한 일도 잘할 수 있을까에 대해서는 의문이에요. 저도 AI는 어떻게 전시를 기획할지 상상해 봤어요. 먼저 작가 연구를 하겠죠. 그 작가가 살아온 환경, 관심 있었던 것, 작품의 특징 들에 관한 학습을 하고 과거에 열렸던 전시회를 참고해서 전시를 기획하겠죠. 그런데 저는 큐레이터가 작가의 경험과 작품을 객관적 정보만으로 기획하는 건 아니라고 생각해요. 큐레이팅하는 과정에 큐레이터의 경험과 기억이 다 녹아 들어간다고 생각해요. 큐레이터는 단순하게 작품들을 배치하는 사람이 아니라 그 작가를 통해 보여주고 싶은 것을 구현하는 사람이에요. 예를 들어 여성에 관해 전시한다고 해봐요. 여성에 대해 보수적인 사고를 하는 사람과 그와 반대로 진보적인 성향을 보인 사람이 기획한 전시, 여성에 대한 논의에 전혀 관심이 없는 사람과 여성의 신체와 미적 기준에 관심이 많은 사람이 기획한 전시는 다 다를 수 있어요. 큐레이터가 어떤 관점을 가지고 있고, 어떤 생각을 펼쳐 보이고 싶은가에 따라 전시는 여러 가지 버전으로 기획될 수 있어요. 그런데 AI가 과연 어떤 관점을 가지고 전시를 기획할까요? 저는 아직 잘 모르겠어요. 이 일도 창의적인 직업에 속하기 때문에 AI가 완전하게 대체하기는 어렵지 않을까 하는 생각이에요. AI에게 전시를 맡기면 과거의 전시를 학습해서 만들어낼 수는 있겠죠. 그런데 사람이 가지는 주관적인 감성과 경험까지 표현하는 건 어려울 것 같아요.

편 같은 작가의 작품이라도 학예사가 어떻게 기획하는가에 따라 다른 전시회가 될 수 있다는 말씀이네요.

박 학예사에 따라 전혀 다른 전시도 가능해요. 전시가 단순히 작품을 늘어놓고 선보이려고 하는 게 아니에요. 전시에 따라 필요한 역량이 다르지만, 예를 들어 어떤 작가의 작품을 전시한다고 하면 그 전시는 학예사가 관람객에게 전하고자 하는 메시지와 의도가 들어가게 돼요. 어떻게 보면 작품 해석인 거죠. 그래서 같은 작가의 같은 작품이라 하더라도 전시를 기획하는 사람의 생각, 어린 시절의 환경과 경험, 학습 과정의 차이 등에 따라 다 다르게 표현할 수 있어요. 또 좋아하는 작품도 달라서 하이라이트로 보여주고 싶은 작품이 다를 수도 있고요.

[편] 이 일도 예술의 영역이라 정해진 답이 없는 일 같다는 생각이 들어요.

[박] 그런 면이 많죠. 예술적인 감각이 필요한 일이니까요. 요즘엔 이런 예술적인 감각이 필요한 분야가 확장되고 있다는 생각이 들어요. 광고 하나를 봐도 알 수 있어요. 예전에는 제품의 기능에 초점을 맞췄다면 지금은 이 제품을 사용하는 사람들의 모습이 어떤지 보여주는 게 많아요. 가전제품 광고도 보면 사용자의 환경에 맞게 디자인을 달리해서 써보라고 하잖아요. 이런 게 다 예술적인 감각이 필요한 일이죠. 전시도 마찬가지로 작품을 돋보이게 하는 환경을 만드는 예술적인 분야의 일이고요. 그래서 일의 경계가 무너지고 확장되고 있는 것 같아요. 대학에서도 다양한 분야로 진출할 수 있도록 지원하는 분위기인데요. 미술관 학예사가 아니더라도 이런 일을 할 수 있다면 다른 직종으로 진출할 수도 있죠. 직업의 이름은 다르지만, 업무가 아주 다르지는 않거든요.

외국 전시를 많이 보는 게 도움이 될까요

편 외국 전시를 많이 보면 이 일을 하는 데 도움이 될까요?

박 우리나라 전시와 외국 전시가 꽤 달라요. 외국의 전시를 보면 배우는 것도 많고 아이디어를 얻을 수도 있어요. 저는 전시를 보러 중국에도 가끔 가는데요. 중국은 우리와 가까운 나라인데 사고방식이 정말 다르더라고요. 뭐랄까 중국 사람들은 정말 중국이 세상의 중심이라고 생각하는구나, 이런 느낌이 들었죠. 중국은 전시의 스케일도 크고 전시하는 방법도 과감해요. 한번은 미사일이 하늘에서 떨어져 땅에 박혀있는 전시 작품을 관람했는데 깜짝 놀랐어요. 어마어마하게 큰 구조물을 보고 놀라기도 했지만, 그 구조물이 박힌 곳이 미술관 바닥이라서 더 놀랐어요. 미술관 바닥을 깨고 구조물을 설치했더라고요. 이런 경우 우리나라는 바닥에 시멘트로 단을 만들어 깔고 그 시멘트를 깨서 미사일이 땅에 박힌 느낌을 내거든요. 그런데 진짜 바닥을 깬 거예요. 우리로서는 상상도 못 할 일이죠. 그리고 나머지 전시 공간도 마찬가지로 스케일이 다 컸어요. 그래서 처음엔 충격을 많이 받았죠.

🔲 외국 전시회도 사진이나 동영상으로 볼 수 있을 텐데 직접 가서 보는 이유가 있나요?

🔲 사진으로 보면 큰 공간인지 작은 공간인지 구분이 잘 안 돼요. 구조만 보이니까 실감이 안 나고 '아, 이렇게 구조물을 만들었구나' 하고 생각하는 거죠. 그런데 이런 전시를 실제로 보면 정말 다르거든요. 공간의 스케일이 사람을 압도하는 게 있어요. 그 전시를 보면서 중국은 우리가 할 수 없는 것까지 하겠구나, 이런 생각도 들었죠.

🔲 중국은 사회주의 국가라 현대미술과는 좀 거리가 있지 않을까 막연히 생각하는데 그게 아닌가요?

🔲 저도 실제로 중국에 가보기 전까지는 현대미술 전시 분야는 우리보다 수준이 떨어질 거라고 예상했어요. 그런데 아니에요. 그래서 저는 후배 학예사들에게 중국을 꼭 가보라고 권해요. 중국 전시를 보면 시야가 확 바뀌는 경험을 할 거라고요. 현대미술은 서양에서 온 거잖아요. 그래서 우리는 대체로 서양식 전시에 익숙해요. 전시 방법도 예측 가능하고요. 그런데 중국은 분명 현대미술인데 전시를 굉장히 다른 방식으로 하는 게 많아요. 한번은 중국에서 했던 전시를 다음 해에 한국의 어떤 미술관에서 그대로 한 적이 있어요. 저는 중국에서 그 전시

를 봤기 때문에 관심을 가지고 한국의 전시를 보러 갔는데 좀 실망스럽더라고요. 중국에서 한 전시와 구성은 유사했어요. 그런데 규모가 달랐죠. 중국에서보다 스케일이 훨씬 작아진 거예요. 전시회는 성황리에 끝났는데 저는 큰일 났다는 생각이 들었어요. 흔히 말하는 '대륙의 스케일'이란 게 뭔지 확 와 닿았죠. 사이즈가 크고 자본과 인력과 물량이 풍부하니까 빠르게 성장하는 게 느껴졌거든요. 사실 디테일은 조금 떨어지는 면은 있어요. 그런데 예산을 들여 잘하는 외부 업체와 협업하면 기술은 금방 따라잡을 수 있거든요. 그래서 '우리를 금방 따라오겠구나!' 하는 위기감이 좀 느껴졌어요.

편 그래서 다양한 해외 전시를 보는 게 도움이 되는 거군요.
박 이렇게 외국 전시를 보러 다니면 독특한 전시도 많이 보면서 시야도 넓어지고 또 세계적인 트렌드도 파악할 수 있어요. 우리나라 전시만 보면 뒤처질 수도 있는 거니까요. 또 내용도 보지만 기술적인 것도 봐요. 구조물은 무슨 색깔을 사용했는지, 무슨 나무를 덧대어 만들었는지, 모니터를 배치했는데 그걸 지지하는 부품은 무엇을 사용했는지도 보고, 또 저렇게 스피커를 다니까 관람객의 동선에 불편함이 없고 시선을 방해하는 게 없구나, 하는 것들도 배우는 거죠.

미술관 큐레이터 업무 엿보기

1 전시 연구 및 미팅

소장처 방문 및 작품 실견

전시 업무 협의

전시 업무 미팅

온라인 전시 협의 미팅

2 계획 및 추진

가구 도면 체크

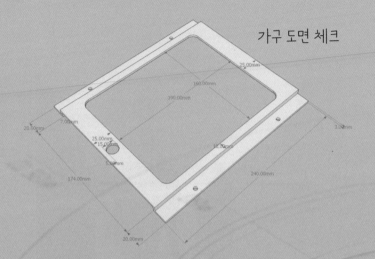

전시 공간 구성 진행

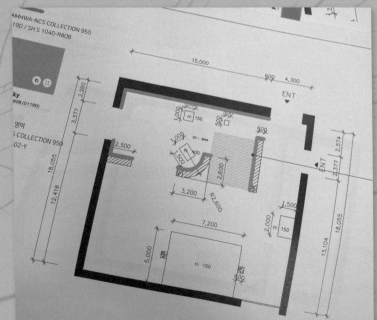

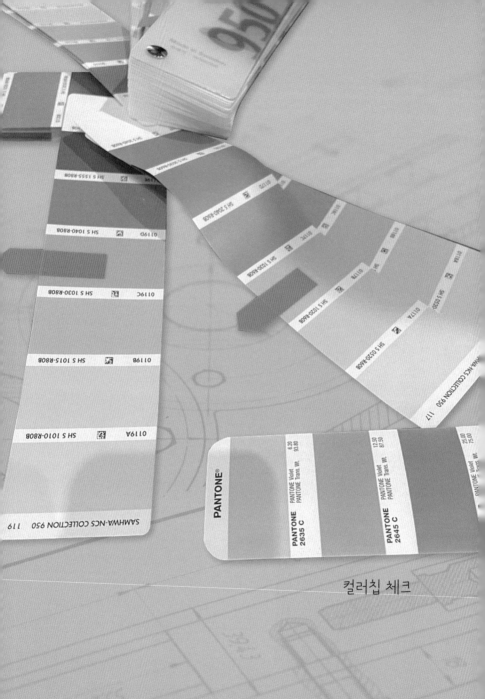

컬러칩 체크

3 전시공간 조성

4 작품 운송 및 설치

전시 개막식 및 기자간담회

전시 유지보수 및 체크

8 전시 철거 및 작품 반출

나도
큐레이터

① 요즘 가장 '관심 있는 주제'를 떠올려 보세요.
(예를 들어, 자연, 친구, 게임, 취미 등)

② 선택한 주제를 가지고 '어떤 것을 관람객에게 말하고 싶은지' 생각해 보세요. 적어 봐도 좋아요.

③ 최근에 관람한 전시 도록이나 다양한 방법의 리서치를 통해 작가를 4명 선택해 보세요.

④ 선택한 작가의 작품들을 통해 내가 말하고자 하는 것을 어떻게 관람객에게 전달할지 예상해 보세요.

⑤ 전시 주제와 본인의 의도를 담은 '전시 제목'을 만들어 보세요.

⑥ 그리고, 전시 기획서를 작성해 봅니다. 간략한 한 장의 기획(안)에 내가 전달하고자 했던 메시지를 담아보세요.

전시기획서(예시)

기획자 : ㅇㅇㅇ

- **전 시 명:** ⟨xxx⟩
- **전시기간:** 20xx. 00. 00. ~ 20xx. 00. 00.
- **전시공간:** xxxx미술관, xxx전시실
- **참여작가:** xxx(1990, 설치), xxx(2000, 조각 및 영상)
- **기획의도:** 기획자가 관람객에게 전달하고자 하는 메시지를 어떻게 전달하려고 했는지에 대해 간략하지만 명확하게 기입

   ㉑ 이번 전시는 xxxx를 바탕으로, 참여 작가 xx명의 작품을 통해 관람객에게 xxxx 메시지를 전달하고자 함

   작가의 작품을 통해 본인이 전달하고자 한 어떤 부분을 관람객이 이해할 수 있는지 작성

- **세부사항(안)** (예시)

순서	작가명	작품 소개 및 의도	참고 이미지(작품 혹은 기존 전시 전경)
1	xxx(1990)	xxx작가는 관람객과 작품 사이에서 인터렉션이라는 상호 작용을 도모하는 작품 ⟨xxx⟩(2024)을 통해 우리 사회의 관계성에 대한 문제 의식을 제기함	(이미지 삽입) ⟨작품명⟩(제작연도)
2			
3			
4			

- **기대효과:** 이 전시를 통해 관람객 혹은 사회에 어떤 기여를 할 수 있는지 작성

   ㉑ 이번 전시 ⟨xxx⟩를 통해 관람객이 무엇을 이해하고, 어떤 부분(문화, 복지 등) 증진에 기여

큐레이터
박현진 스토리

편 어린 시절엔 어떤 아이였나요?

박 활발한 아이였어요. 여자아이치고는 고무줄이나 공기놀이 같은 것은 안 좋아하고 남자아이들이랑 많이 뛰어놀았어요. 멀리뛰기, 잡기 놀이 같은 것을 하면서 놀이터를 뛰어다니고 엄청 활동적으로 놀았어요. 다른 애들보다 조금이라도 멀리 뛰려고 하다가 팔이 부러진 적도 있었는데 별로 대수롭지 않게 생각했던 어린이였죠. 예전에는 방학 숙제로 곤충채집이나 식물채집 하는 게 있었는데 저는 그것도 굉장히 좋아했어요. 웬만한 곤충은 손으로 다 잡을 수 있을 정도였죠. 식물채집을 할 때는 풀들 사이를 비집고 다니면서 좀 특이한 게 보이면 채집해서 그게 뭔지 찾아보고 정리해서 식물 노트도 만들었어요.

겁도 많았는데 하고 싶은 게 있으면 적극적으로 하는 편이었어요. 할 거면 잘하고 대충 할 거면 아예 하지 말자는 생각이 강했던 것 같아요. 하고 싶은 것도 많고 욕심도 많았죠. 제가 초등학교 다닐 때는 중간고사 기말고사도 있었어요. 초 2 때까지 시험은 다 만점을 받았어요. 누가 뭐라고 하는 것도 아닌데 저 혼자 시험 볼 때 긴장을 많이 했어요. 좋은 성적을 받고 싶어서요. 엄마는 그런 저를 보고 "너무 긴장하지 마라. 틀려도 돼"라고 말씀하셨죠. 그런데 문제는 다음 시험에 제가 처음으로 한 문제를 틀린 거예요. 너무 쉬운 문제를 틀려오니까 엄마가 "이렇게 쉬운 걸 틀렸어?"라고 하시더라고요. 엄마는 제가 문제를 대충 읽어서 틀린 것이라고 대수롭지 않게 말씀하신 거였어요. 그런데 저는 엄마가 틀려도 된다고 하더니 쉬운 걸 틀렸다고 야단치는 줄 알고 서러웠나 봐요. 막 울었던 기억이 있네요.

편 무슨 일을 하든 성취하고 싶은 마음이 컸나 봐요.
박 하고 싶은 게 있으면 꼭 해내고야 마는 성격이었어요. 해야 할 것이 있으면 계획을 세워서 스스로 했고요. 부모님이 저에게 "너를 키우면서 공부하라는 말을 안 한 게 좋았다"고 하시더라고요. 초등학교 때 제가 엄마한테 학습지를 두 개 시켜달라고 했어요. 하나는 복습용으로 하나는 예습용으로 하려고요. 학교 갔다 오면 친구들은 놀이터로 바로 가는데 저는 학습지를 풀면서 그날 학교에서 배운 것을 복습하고 나가 놀았어요. 실컷 놀고 6시쯤에 집에 돌아와서 다른 학습지로 내일 배울 걸 예습했어요. 친구들이 종합학원에 많이 다녔는데 저도 다니고 싶었던 적이 있어요. 엄마가 종합학원 수업 방식이 저랑 안 맞을 거라고 했는데 애들이 학원에서 노니까 같이 놀고 싶어서 갔어요. 근데 정말 학원의 수업 방식이 저랑 안 맞더라고요. 성적이 떨어지니까 역시 혼자 계획을 세워 공부하는 게 저한테 맞다고 생각했죠.

[편] 부모님이 먼저 뭘 배우라고 권한 적은 없었나요?

[박] 어려서부터 부모님은 많이 믿어주셨고 제가 결정하면 다 허락해 주셨어요. 부모님이 먼저 "뭘 배워볼래?" 권한 적은 없어요. 제가 뭘 배우고 싶다고 말하면 그때 해주셨어요. 아마 제가 마음을 먹을 때까지 기다리셨던 것 같아요. 피아노를 배우면서 다른 악기도 배우고 싶다고 하면 같이 배우게 해주셨어요. 수학 성적이 좀 떨어지는 것 같아 개인 수업을 받고 싶다면 선생님을 찾아주시고, 영어 학원에 다녀야겠다고 하면 그렇게 해주셨어요. 대신 부모님은 제가 자율적으로 선택하는 거니까 책임도 스스로 져야 한다는 생각을 심어주셨죠. 제가 원해서 하는 거니까 그만큼 노력해야 한다고 말씀하셨어요.

어린 시절을 떠올리면 꼭 기억나는 게 있어요. 엄마가 제 방 벽에 크고 하얀 종이를 붙여주셨어요. 저는 거기다 크레파스로 그날 발레 학원에서 배웠던 동작도 그리고, 무슨 일이 있었는데 기분이 나빴다고 쓰기도 하고, 구구단을 외워야 하는데 못 외웠던 9단을 써놓기도 했어요. 하루에 있었던 일, 느꼈던 감정, 배웠던 것들을 쓰고 그리는 일기장 같았어요. 그러면 엄마가 다음 날 아침에 다 떼어내고 새 종이를 붙여주셨죠.

그리고 엄마랑 인사동에도 많이 갔어요. 거기서 엄마가 처음으로 사주셨던 책이 앙리 마티스의 화집이었어요. 저는 그게 너무 좋아서 매일 봤어요. 보면서 따라 그리기도 했죠. 그래서 아직도 좋아하는 작가 목록에 앙리 마티스가 있어요.

[편] 어렸을 때 꿈은 뭐였어요?

[박] 화가가 되는 게 꿈이었어요. 유치원에 다닐 때 미술을 배우고 싶었는데 마침 옆집 언니가 홍익대 미대 출신으로 미술 수업을 하고 있었어요. 그때부터 미술을 배웠는데 너무 재미있었어요. 그래서 초등학교 때부터 고등학교 때까지 미술학원을 다녔어요. 미술대회가 있으면 뭐든지 가리지 않고 나가서 수상도 많이 했어요. 그때는 외부 대회에서 상을 타오면 매주 월요일 학교 조회에서 수상식을 했어요. 저는 거의 매주 조회대에 올라 상을 받았어요. 중학교 때까지는 미술이 재미있었고 재능이 있다고 생각했어요. 부모님도 그렇게 생각하셨고요.

그런데 고등학교에 입학하고 두세 달 지났는데 '내가 진짜 미술에 재능이 있는 건가?' 하는 생각이 들었어요. 학습된 미술 능력일 수도 있겠다는 생각을 처음 해 봤죠. 6살 때부터 미술을 했으니까 10년 넘게 한 거잖아요. '남들보다 오래 배웠으니

당연히 잘 그리는 게 아닐까, 다른 사람도 이만큼 배우면 다 이만큼은 그리겠지'라는 생각이 들었어요. 그때까지 저는 꿈이 너무나 확고했어요. 흔들림이라곤 단 한 번도 없었고 친구들이 "나는 뭘 할지 모르겠어"라고 말할 때도 저는 "나는 화가가 될 거야!"하고 확실하게 말해서 친구들의 부러움을 사기도 했을 정도였어요. 그런데 고등학교 1학년 때 제가 가지고 있는 게 재능이 아니라 학습된 능력일 수도 있겠다는 생각이 들어서 부모님께도 이야기했죠. 그때 부모님도 충격을 많이 받으셨지만, 저의 결정을 믿어 주시고 일단 미술학원은 그만 다니기로 했죠. 저는 부모님께 반항하거나 방황하는 사춘기는 딱히 없었던 것 같은데 그때 내 꿈이 다른 것일 수도 있다는 생각을 처음 해봤죠. 엄청나게 큰 고민이었고 저한테는 시련이었던 것 같아요.

그리고 그 시기에 클라리넷을 배웠어요. 얼마 지나지 않아 선생님이 저보고 클라리넷에 재능이 있다면서 전공을 해보면 어떻겠냐고 하시더라고요. 보통 플루트든 클라리넷이든 어렸을 때부터 배우고 대학 진학을 준비하는 건데, 제가 전공을 하는 건 아닌 것 같아서 그냥 취미로 배우겠다고 결론을 내렸어요. 그런 일도 있었고 해서 다시 꿈에 대해 생각해 봤어요. 막연하게 어떤 분야의 교수나, 초등학교 방송부에서 경험했던 아나운서가 되겠다는 생각도 했어요. 미술은 안 하겠다고 결심했지만, 구체적으로 무엇이 되고 싶다는 게 없으니까 나중에 무엇을 전공하든 그 분야의 대표가 되겠다고 마음먹었죠.

[편] 어떻게 다시 미술을 하게 되었나요?

[박] 고등학교 1학년 여름방학이 되었을 때 미술 선생님이 저를 부르셨어요. 미술을 안 하겠다고 마음먹고 미술부에도 안 들었는데 수업 시간에 미술 하는 것을 보고 엄마도 함께 부르신 거죠. 엄마는 제가 어려서부터 미술을 했었는데 지금은 마음을 정리한 상태라고 이야기하셨어요. 그런데 선생님이 미술을 계속해 보는 게 좋겠다고 저를 설득하셨어요. 아마 제 마음에도 미술에 대한 미련이 좀 남아있었나 봐요. 그래서 제가 재능이 있는지 확인해 보고 싶은 마음에 미술대회를 다시 나가봤어요. 상을 받으니까 마음이 좀 기울더라고요. 처음엔 절반 정도였는데 1학년 마칠 때 즈음에는 좀 더 마음이 기울어서 미술 입시학원에 다니게 되었어요.

그때부터는 정말 바쁘게 살았어요. 중학교 때도 주중에는 학교 공부도 하고 미술학원에 빠짐없이 다녔고, 주말에는 거의 미술대회를 나가니까 바빴지만, 고등학생이 되고 다시 미술을 시작하고는 더 바빠졌어요. 그때를 생각하면 걸어 다닌

적이 없고 항상 뛰어다녔던 것 같아요. 그때 서울에 살지 않았는데 입시학원을 서울로 다녔기 때문에 지하철을 1시간 정도 타야 했어요. 학교 끝나면 저녁으로 엄마가 싸준 김밥을 먹으면서 지하철역까지 걸어갔죠. 10시에 미술학원이 끝나고 집에 돌아오는 지하철 안에서 문제집을 풀었어요. 다른 애들이 야간 자율학습 하면서 공부할 때 저는 미술학원에 있어야 하니까 그동안 못한 공부를 하는 거예요. 문제집을 2~3주 만에 한 권씩 풀었어요. 집에 오면 11시나 12시가 되는데 그때 공부를 더 하고 싶어서 개인 수학 수업을 다녔어요. 새벽 1시에서 2시까지 공부하고 조금 자고 다음 날 학교에 가고 그랬죠. 강제로 하라고 했으면 못 할 텐데 제가 하고 싶어서 그렇게 한 거예요. 공부도 잘하고 싶고 미술도 잘하고 싶어서 그랬죠. 사실 엄마도 좀 힘드셨을 거예요. 늦게까지 데려다주고 데려오고 했으니까요.

편 큐레이터엔 언제부터 관심이 생겼어요?

박 공예과에 들어갔는데 저는 작가가 될 마음이 없었어요. 작가들을 보면 약간 뭔가에 완전히 미쳐있다는 느낌이 들죠. 그들은 교수님이 과제를 내주면 거기에 맞게 하는 게 아니라 F학점을 받더라도 자기주장대로 만들어 오는 거예요. 그런데 저는 학점을 포기할 정도로 고집이 있는 것도 아니고 무슨 일을 해도 계획적으로 하는 걸 좋아해요. 그러니까 작가가 될 수 없다는 생각이 들었어요. 부모님은 제가 작가가 되어 개인전도 열고 축하도 받기를 원하셨는데 저는 작가가 되기보다는 작가들을 사람들에게 알리고 작가들이 성장할 수 있게 도와줘야겠다고 생각했죠. 그런 일이 뭐가 있을까 생각해 보니 미술시장에서 작품을 사고파는 옥션이나 갤러리에서 일을 할 수도 있고, 큐레이터가 되어 작가의 작품을 대중에게 선보이고 가치를 높이는 일도 있더라고요. 당시에는 큐레이터가 어떤 일을 하는지 정확히 알지 못했죠. 학교에서 배우지도 않았고 미술관에 가도 전시 뒷이야기는 알 수가 없잖아요. 그래서 실제로 큐레이터가 뭘 하는지도 모르고 동경하는 마음으로 준비를 시작했거든요. 지금 생각하면 너무 몰라서 용감했다는 생각도 들어요.

편 부모님이 뒷받침을 많이 해주셨는데 작가가 되지 않겠다고 했을 때 반대하진 않으셨나요?

박 제 생각이 정리된 다음에 작가는 되지 않겠다고 부모님께 얘기했더니 좀 서운해하셨어요. 그래도 대학교 2학년 때부터 외국에서 석사과정을 해야겠다고 결정하고 준비를 시작했죠. 미국과 영국 중에서 고민하다가 영국으로 유학 하러 가기로 정했죠. 영어권이고 유럽이 미국보다 예술적 감성이 풍부한 느낌이 있잖아요. 그다음 과제는 부모님의 지원을 받아야 하니까 부모님을 설득하는 거였어요. 부모님은 왜 굳이 한국에서 대학원을 안 가고 꼭 외국에 가야 하는지 그 이유를 들어보자고 하셨죠. 주변에 유학한 아이들이 이도 저도 안 돼서 '우주 미아'가 된 경우도 많고, 성과 없이 돌아온 경우도 많아서 걱정하셨던 거예요. 그때 제가 PPT를 만들어서 부모님 앞에서 40분 정도 브리핑을 했어요

편 부모님을 설득하기 위해 PPT까지 만들었다니 꼭 가야겠다는 마음을 느낄 수가 있네요. 내용은 무엇이었나요?

박 먼저 가고 싶은 대학원을 소개했죠. 저는 소더비 대학원을 목표로 했는데요. 당시에는 예술품을 거래하는 상업 현장이 너무 재미있어 보였어요. 한국에는 미술품을 사고파는 옥션을 가르치는 곳이 없었고 소더비 대학원은 본교가 런던에 있고 싱가포르와 미국에 분교가 있었죠. 싱가포르는 규모가 좀 작아서 싫었고, 미국보다는 본관인 런던을 선택했다고 말씀드렸죠. 부모님은 여러 가지 질문을 하셨고 저는 답변도 했어요. 부모님은 또 제 대학원 학비와 생활비를 지원하는 것도 투자인

데 강한 의지가 없다면 투자할 수 없는 것 아니냐며 저의 의지를 증명해 보라고 하셨어요. 그래서 저는 저의 의지에 대해 열심히 설명했고 또 대학 다니면서 입시 미술학원에서 고등학생을 가르치는 아르바이트로 모아 둔 돈이 있다고 자신 있게 말씀드렸죠. 제가 다녔던 입시 미술학원에서 2년 동안 일했는데 그게 학생의 아르바이트 수입으로는 꽤 큰 돈이었어요. 다 모았더니 몇천만 원은 되더라고요. 그걸 부모님께 다 드리겠다고 하니까 엄마가 웃으시며 그 돈으로는 여행밖에 못 다녀온다고 하시더라고요. 저도 런던에서 대학원 공부를 하려면 학비와 생활비 등에 많은 돈이 필요하다는 것을 알고 있었어요. 그래도 전 꼭 대학원을 가야겠다고 부모님을 설득했고 허락을 받았어요. 단, 조건이 있다고 하셨어요. 유학원 통해서 갈 생각하지 말고 직접 알아보고 지원하라고요. 또 학비는 얼마나 들 것 같고 생활비는 얼마나 필요할지도 직접 계산해서 가져오라고 하셨어요. 그렇게 해서 부모님의 허락을 받고 필요한 것들을 준비하기 시작했어요. 언제나 믿음으로 지지해주시되 스스로의 결정에는 책임감이 따른다는 것을 알려주신 부모님 덕분에 독립적이고 주도적인 유학 생활을 할 수 있었죠.

편 대학 생활은 어떠셨어요?

박 대학에 다닐 때도 저는 바쁘게 생활했어요. 미술대학은 과제가 많아서 그것만 하기도 바쁘지만, 아르바이트도 했어요. 제가 다녔던 입시 미술학원에서 학생들 가르치는 게 너무 재미있었어요. 제가 했던 입시 미술을 가르치는 거니까 아주 힘들지도 않았고 일주일에 이틀 정도 나가서 서너 시간만 가르쳐도 수입이 꽤 좋았죠. 힘든 것도 잘 모르고 바쁘게 지냈던 것 같아요. 또 외국인 친구도 사귀었어요. 요즘엔 외국 교환학생이 한국에 많이 들어왔잖아요. 그런 친구들을 사귀면 자연스럽게 영어를 배울 수 있어요. 저는 필리핀에서 온 친구가 있었어요. 그 친구가 한국어를 배우고 싶어 해서 토요일마다 강남역에서 만났어요. 그 친구가 한국어로 물어보면 제가 한국어로 대답해 주고, 제가 영어로 물어보면 그 친구가 영어로 대답하면서 서로의 언어를 배웠죠. 서로에게 도움이 되니까 재미있었고 서로를 알아가는 과정에서 여러 가지를 배웠어요. 또 대학마다 외국에서 교환 교수로 오신 분들이 있어요. 외국에 나가고 싶은 생각이 있으면 외국 교수님과 친해지는 것도 좋을 것 같아요. 제가 대학 다닐 때는 미국인 교수님이 있었는데 사실 처음엔 외국인 교수님에게 말 걸기가 두려웠어요. 영어를 공부했다고 해도 입시 영어만 했으니까 당연한 거죠. 그래도 두려움을 이기고 다가갔더니 친해질 수 있었어요.

편 유학 준비는 어떻게 하셨어요?

박 알아보니 외국 대학원은 지원서를 낼 때 추천서도 중요하더라고요. 그래서 미국인 교환교수님과 좀 친해져야겠다고 생각했고, 미술관 경력도 쌓아야겠다고 생각했어요. 마침, 서울의 사립미술관에서 인턴을 뽑는다고 해서 지원했더니 붙었어요. 막상 되니까 학교 다니면서 5일 동안 출근하는 건 너무 힘들 것 같았는데 큐레이터 선생님께서 출근 시간을 조정해서 배려해 주셨어요. 그때 당시 미술관 큐레이터 선생님들이 저보다 최소 15살은 더 많았으니까 좀 귀엽게 봐주셨던 것 같아요. 그분과는 지금도 연락하고 잘 지내고 있어요. 이렇게 준비해서 인턴 경력도 쌓고 미술관에서 추천서를 하나 받았어요. 미국인 교수님께도 추천서를 받아서 지원서를 넣었죠. 인터뷰하고 결과를 기다리는 시간에 좀 걱정이 되긴 했어요. 제가 원서를 거기 딱 한 군데만 넣었거든요. 다행히 합격해서 이제 영국으로 날아가게 되었죠.

편 대학원에서는 어떻게 공부하셨어요?

박 대학을 졸업한 다음 해 7월 말에 런던에 갔어요. 학기는 9월부터 시작이니까 한 달 정도만 현지에서 영어를 배우면 되겠다고 생각했는데 오산이었죠. 학사도 아니고 석사인데 랭

귀지스쿨을 한 달밖에 안 다니고 바로 수업에 들어갔더니 귀에 들리는 게 하나도 없더라고요. 특히 우리는 미국식 영어를 배우니까 영국식 발음이 낯설었어요. 그래서 교수님께 수업을 녹음해도 되냐고 여쭤봐서 허락받고 집에 와서 녹취를 풀어보는데 정말 힘들었어요. 명확하게 알아듣지 못하니까 천천히 여러 번 듣는 거예요. 시간이 엄청 많이 들죠. 그때 제 인생에서 처음 좌절감을 느낀 것 같아요. 저는 학사도 조기 졸업했거든요. 학점도 매우 높았고 장학금도 거의 받았어요. 대학교 때 공부하면서 아르바이트도 하고 정말 바쁘게 살았어도 결과가 매우 좋았는데 영국에서는 그게 안 되는 거예요. 저는 매일 학교 다녀와서 5분 거리의 도서관에 갔다가 책 보고 밤 10시쯤 들어와서 과제하고 12시쯤 자면서도 따라가는 게 너무 힘든데 다른 애들은 서로의 집에 가서 놀고 축구도 보고 뮤지컬도 보더라고요. 그런데 저는 그런 걸 볼 시간 여유가 없었어요. 한 학기가 끝나고 성적이 나왔는데 깜짝 놀랐어요. 제가 기대했던 성적이 아닌 거예요. 이런 성적을 받아본 적이 없었어요. 하루는 학교 끝나고 집까지 걸어오는데 눈물이 날 것 같았어요. 집에 와서 몇 시간 동안 벽에 기대서 혼자 생각했죠. 너무 슬프기도 하고 밤을 새워 과제를 했는데 왜 결과가 이럴까, 마음대로 안 되니까 막 화도 났죠. 노력해도 안 되는 게 있구나, 하는 걸 그때 깨달았어요. 그리고 생각했죠. 이걸로 너무 스트레스를 받으면 안 되겠다, 결국 언어 문제니까 이 문제를 해결할 방법을 생각해야겠다고요.

[편] 그래서 어떻게 문제를 해결하셨어요?

[박] 뭐가 문제일지 생각해 봤죠. 대학원에는 영국인도 많았지만, 미국인도 꽤 있었어요. 미국 분교를 가지 않고 본교인 영국으로 온 거죠. 그런 학생들은 영어가 모국어더라고요. 저한테는 외국어인데요. 외국인으로서 영어를 잘한다고 해도 글 쓰는 방식이 모국어 사용자들과는 다르잖아요. 우리나라에 교환학생으로 온 외국인 학생이 한글로 에세이를 쓰면 의사전달은 되겠지만 어색한 문장이 많은 것처럼 제가 영어로 쓴 에세이가 그럴 것 같더라고요. 저는 그것도 모르고 영어를 모국어로 사용하는 사람들과 같은 수준으로 쓰고 싶다는 생각을 한 거예요. 그런데 그건 불가능해요. 외국인이 한국어 뉘앙스를 모르는 것과 같은 거죠. 그래서 친구에게 에세이를 제출할 때 프루프리딩을 해달라고 요청했어요. 그 친구가 읽더니 "이 문장 내용이 맞기는 한데 이렇게 쓰는 것이 더 적합해"하고 가르쳐 줬어요. 그러면서 문제를 좀 극복하기 시작했죠.

글쓰기도 그렇지만 발표수업도 마찬가지였어요. 발표수업

이 워낙 많으니까 저는 글로 써놓고 달달 외웠어요. 처음엔 거울 보면서 5페이지 분량의 내용을 외워갔죠. 제가 말하고자 하는 게 100퍼센트는 아니더라도 70~80퍼센트만이라도 전달하자는 마음이었어요. 그런데 발표한 다음에 질문을 받았는데 모르는 게 나오면 당황하는 거예요. 한국은 교수님이 질문했는데 학생이 모른다고 하면 '왜 몰라, 공부를 제대로 하고 왔어야지' 이렇게 지적을 받는 경우가 많아요. 그런데 문화가 다르더라고요. 영국에선 모르면 모른다고 말하고 다음 발표 때 공부해서 공유하겠다고 하면 되는 거예요. 그런 문화를 알고 나니까 마음도 편해지고 적응하게 된 것 같아요.

편 유학 시절이 인생에서 가장 힘들었던 때인가요?

박 그런 것 같아요. 좌절의 경험을 했으니까요. 대학을 졸업할 때까지 제가 계획하고 준비한 대로 안 됐던 적이 거의 없었어요. 그래서 좌절감이나 패배감 같은 걸 크게 느껴보지 못했어요. 엄마 말씀으로는 제 인생에 그런 경험이 필요했대요. 엄마는 제 편을 들어줘야 하는데 그런 말을 해서 좀 섭섭했어요. 지금 생각하니까 그런 경험도 필요했던 것 같아요. 최선을 다했는데도 안 되는 일이 있는데 그걸 인정하지 않으면 계속 답답하고 스트레스만 받잖아요. 제가 놀기라도 했다면 억울하지 않았을 텐데 정말 최선을 다했는데 안 되는 게 있다는 걸 경험하면서 좌절감이라는 걸 알게 되었어요. 하지만 영국 유학 시절은 정말로 많은 것을 얻은 값진 경험이었어요.

[편] 낯선 나라에서 혼자 생활하는 건 쉽지 않았을 것 같아요.
[박] 유학을 다녀온 후에 겁이 좀 없어졌어요. 당시 짐을 싸서 공항에 갈 때만 해도 두렵진 않았어요. 그런데 막상 비행기를 딱 탔는데 덜컥 겁이 나더라고요. 이제 아무도 없구나, 나를 도와줄 부모님도 친구도 친척도 없구나, 하고요. 히스로 공항에 내려서 짐가방을 끌고 숙소를 혼자 찾아가야 한다는 것도 무서웠어요. 지금은 구글 지도로 다 찾지만, 그때는 지도 앱도 없고 카톡도 없던 시절이라 종이지도만 보고 찾아가야 했으니까요. 영국에서 일 년 반 동안 유학 생활하면서 독립심은 많이 생겼어요. 혼자 살 집도 구하고 은행 계좌도 만드는 등 누구의 도움도 받지 않고 혼자 해야 했거든요. 반면에 좀 예민하게 살기는 했어요. 사건에 휘말리지 않으려고 항상 넓은 길로만 다니고 싸움이 난 곳은 피해 다니고 위험하다는 데는 가지 않았죠. 독립심도 키웠지만 외국에서 무엇을 조심해야 하는지도 알았던 거죠.

편 귀국해서는 무슨 일을 하셨어요?

박 소더비 마치고 귀국해서 바로 취직이 되었어요. 미술품 경매 회사에서 아트 컨설턴트로 1년 정도 일을 했어요. 경력이 좀 쌓이니까 국공립미술관에서 학예사로 일해보는 것은 어떨까 하는 호기심이 생겨서 미술관 학예 업무에 지원하게 되었어요. 국립현대미술관과 경기도미술관에서 코디네이터를 거쳐 지금은 수원시립미술관에서 일하고 있어요.

편 본인이 준비한 전시회를 개막하면 기분이 어떠세요?

박 전시 준비가 막바지에 닿으면 개막하기 2주 전부터는 전시 준비에만 집중해요. 자기 전에 '이 문제를 어떻게 해결하지?'하고 궁리하면서 잠이 들었는데 자다가 해결 방법이 생각나는 경우가 있어요. 그럼 자다가 일어나서 메모를 해놓고 다시 자요. 이즈음에는 잠을 자는 게 아니고 반은 깨어있는 상태인 것 같아요. 오직 전시 생각만 하니까 너무 고생스럽고 피곤한 날들이죠. 이런 시간이 지나고 전시를 개막하는 날이 되면 기분이 너무 좋아요. 고생스러웠지만 가장 큰 일이 끝난 거니까 홀가분한 느낌도 있죠. 그러면 집에 가서 뻗을 것 같은데 사실은 안 그래요. 어렸을 때 성적이 잘 나와서 기분이 엄청 좋은 날인데 너무 들떠서 잠을 못 자는 것처럼 모처럼 퇴근도

일찍 해서 잠은 자려고 하는데 잠이 안 드니까 다른 일을 하고 있는 저를 발견하죠.

편 이 일을 하면서 기억에 남는 순간은 언제인가요?

박 앞에서도 얘기했지만, 코로나19 때 기획했던 어윈 올라프의 전시회가 기억에 많이 남아요. 작가가 전시회에 오고 싶었는데 코로나19 방역 수칙이 강화되어 직접 한국에 못 오니까 전시 개막하기 전날 페이스타임으로 전시실 입구에서부터 출구까지 전시장을 다 보여 드렸어요. 전시장에 아무도 없을 때 저녁 7시쯤부터 한 시간 정도 관람객의 시선으로 보이는 것들을 실시간 영상으로 보여줬는데 작가의 눈빛이 촉촉한 거예요. 그 눈에서 전시장에 오고 싶은 갈망이 느껴지는데 그 느낌을 지금도 잊지 못하겠어요. 그러고 나서 이듬해인 2022년에 국립대만미술관 초청으로 같은 전시를 재전시하게 되어 저는 작가를 볼 수 있을 거로 생각했는데 그때도 작가의 건강상 문제로 대만에서 못 뵙고 돌아가신 거예요. 그때 제가 네덜란드에 가서 작가를 봬야 했나 그런 생각도 들었죠. 한 작가랑 같은 전시를 다른 공간에서 두 번 하는 경우는 쉽지 않거든요. 게다가 대만 전시가 끝나고 얼마 후에 작가가 세상을 떠났으니까 그게 회고전처럼 된 거죠.

편 어윈 올라프의 전시를 특별히 기억하는 이유가 있나요?

박 어윈 올라프 사진 중에 〈만우절〉 시리즈가 있어요. 작가가 뾰족한 고깔 모자를 쓰고 얼굴을 하얗게 칠한 광대의 모습으로 마트에 장 보러 간 연작 사진이에요. 주차된 차가 한 대도 없는 주차장을 지나 마트 안으로 들어갔는데 매대는 텅 비어 있어요. 마치 '이건 거짓말이야, 거짓말일 거야'라고 말하는 것 같은 작품들이에요. 코로나가 전 세계에 유행하면서 정말 거짓말 같은 일들이 일어났잖아요. 그걸 너무 적절하게 표현한 작품이었어요. 전시를 준비하면서 작품과 시기가 맞닿아 있어서 어떤 느낌인지 확 와 닿았죠.

그런데 실제로는 전시 준비를 하면서 힘든 상황이 너무 많았어요. 이전에 경험해 보지 않았던 일이라 문제를 해결할 방식을 하나하나 찾아야만 했거든요. 코로나19로 해외 출입국 상황이 점차 악화하면서 전시 개막식 일주일 전부터는 갑자기 개막식 행사를 비대면으로 바꾸어 준비해야 했어요. 작가가 개막식 인사를 하

🖼 2022년 국립대만미술관 전시 기자간담회

는 장면을 미리 영상으로 만들고, 기자간담회는 시차를 고려해 시간을 정하고 통역도 비대면으로 하고요. 50명 이상 집합하지 말라는 정부의 지침에 따라 관람객도 한 번에 30명씩 제한을 두어야 했죠. 또 온라인 전시도 열었어요. 미술관 홈페이지에 VR 관을 열어 관람객이 집에서도 전시를 볼 수 있게 한거죠. 지금은 다 없어졌지만, 그때는 그런 일도 했어요.

편 코로나19 때 온라인으로 전시회를 보았던 생각이 나네요. 관람객이야 전시장에서 보는 것보다는 못하지만 온라인으로

라도 전시를 볼 수 있어서 좋았어요. 그런데 전시회를 준비하는 입장에서는 전시장 전시와 온라인 전시 두 가지를 동시에 준비해야 하는 등 꽤 다양한 어려움을 겪었을 것 같아요.

박 그랬죠. 전시 준비도 어려웠지만 전시를 위한 작품들이 국경을 넘는 일도 저희에게는 매우 큰 난관이었어요. 2019년 미국의 미디어 작가 '게리 힐' 전시에서 전시회가 끝나고 작품을 돌려보낼 때 아주 큰 문제가 발생했어요. 2019년 말에 작품이 들어올 때는 아시아가 코로나19 유행이라 유럽을 떠난 작품이 중동 어느 나라 공항에서 발이 묶이는 일도 있었어요. 작품도 검역 대상인데 국경이 폐쇄되고 검역할 인력이 없으니까, 국경을 넘지 못하는 일이 발생했죠. 어찌어찌해서 우리나라에 들여와 전시회를 열었는데 작품을 돌려보내는 시점에 또 문제가 생긴 거예요. 2020년 초였는데 한국에서 미국으로 작품을 보내기로 하고 미국 가는 항공기에 실었어요. 한국의 코로나19 상황이 좋지 않아 미국은 난색을 보였지만 어찌 되었든 작품들을 항공기에 실어서 보냈어요. 그런데 항공기가 미국에 도착할 때 오히려 미국의 상황이 너무 나빠져서 공항이 전부 문을 닫은 거예요. 공항을 폐쇄하니까 검역할 사람도 없는 거죠. 그런데 작품이 외부의 공기와 맞닿는 곳에 오래 있으면 안 되는데 그 공항이 어떤 상황인지 알 수가 없는 거죠. 제가 작품이 어디쯤 있냐, 어느 상태에 보관되어 있냐고 그쪽에 계속 문의했는데, 그 사람들도 모르겠다고 하고 작품을 빼놓을 수도 없는 상황이 되었어요. 그래서 미국에서 하루 만에 갈 작품이 되게 오래 걸려서 작가에게 돌아갔어요. 하여튼 여러 가지에서 코로나19 상황으로 어윈 올라프와 게리 힐 전시는 저한테 기억에 오래오래 남을 것 같아요.

[편] 이 일을 그만두고 싶을 때도 있나요?

[박] 전시를 준비하다가 난관에 부딪힐 때마다 '그만두고 싶다'는 생각을 저절로 하죠. 전시회를 하나 끝내면 에너지가 완전히 소진되는 느낌도 들고요. 그런데 또 성취감이 있는 거예요. 일이 힘든데 하고 나면 보람도 있고요. 책임이 큰 일인 만큼 스트레스도 큰데 재미도 있고 성취감도 있으니까 '그만해야지' 마음먹었다가도 다시 다음 전시를 준비하는 거죠. 준비하다 보면 전에 힘들었던 기억이 어느새 사라지고 없어요. 현재에 집중해서 머릿속이 '이번엔 어떻게 해볼까?' 이런 생각으로 꽉 차는 거죠.

[편] 준비할 때는 힘든데 하고 나면 재미있으니까 또 하게 된다는 말씀이네요.

박 제가 학예 업무를 한지 13년 정도가 되었어요. 이 일을 시작하고 한 5년 정도까지는 처음 해보는 일이라 너무 재미있었고 일할 때는 고도로 집중했어요. 안 그러면 사고가 나니까요. 그런 저를 보고 선배들이 '힘을 좀 빼야 한다'고 하더라고요. 그때는 그 말이 무슨 의미인지 몰랐어요. 시간이 지나고 나니까 알겠더라고요. 완벽하게 준비하려고 너무 집중하면 전시에 힘이 들어가요. 그러면 관람객도 전시에 힘이 들어간 걸 느끼니까 전시를 편안하게 보지 못하는 거예요. 힘이라는 게 더 많이, 더 잘 보여주려는 욕심인데, 그게 지나치면 오히려 전시를 어렵게 만들더라고요. 그래서 요즘엔 저도 후배 학예사들에게 예전에 선배 학예사들이 저에게 했던 것처럼 힘을 좀 빼야한다고 얘기하게 되네요. 이런 말을 할 수 있게 되었다는 건 새로운 사건이 터지는 것에 익숙해지고 또 능숙하게 해결하게 되었다는 거겠죠.

편 앞으로 더 하고 싶은 일이나 목표가 있으신가요?
박 요즘엔 '워라벨'에 대해 생각해요. '워크' 쪽에 기울었던 생활을 '라이프' 쪽으로 좀 기울여야 할 때가 된 것 같아요. 이제까지는 일에 집중하는 게 좋았고, 그게 당연한 거였는데 조금 소진된다는 생각이 들어요. 이 일을 좋아하는 만큼 오래 하려면 제 생활에 균형이 필요한 것 같아요. 그래서 가끔은 미술로부터 완전히 떨어져 보는 여행을 해요. 1년에 한 번 정도는 야생의 자연이 있는 곳으로 일주일 이상 떠나보는 것 같아요. 이런 여행을 할 때는 목적지를 정하지 않고 동네 걸어 다니고 미술관보다는 그 지역의 문화를 관찰하고 즐기는 편이에요. 일에서 멀어져 가벼운 일상을 살아보면서 힐링하는 거죠. 지치지 않고 일을 오래 할 수 있도록 쉬는 시간도 가지고 일에 몰두하는 습관도 좀 조절하려고 하고 있어요.

편 전시 자체가 하나의 작품이라는 이야기가 무엇인지 이해할 수 있는 시간이었어요. 직접 예술품을 생산하지는 않지만, 예술품을 이해하고 해석하는 큐레이터는 텅 빈 공간을 나누고 입히고 칠하고 채우고 비우는 공간의 예술가인 것 같다는 생각도 들었습니다. 예술가의 작품을 연구하고 해석해 관람객에게 메시지를 전달하는 큐레이터라는 직업에 청소년 여러분도 관심을 가지기를 바라며『예술가의 속삭임을 관람객에게 들려주는 미술관 큐레이터』편을 마칩니다.

청소년들의 진로와 직업 탐색을 위한
잡프러포즈 시리즈 73

예술가의 속삭임을 관람객에게 들려주는

미술관 큐레이터

2024년 11월 11일 초판1쇄

지은이 | 박현진
펴낸이 | 김민영
펴낸곳 | 토크쇼

편집인 | 박성은
표지디자인 | 이든디자인
본문디자인 | 문지현
마케팅 | 신성종
홍보 | 이예지

출판등록 | 2016년 7월 21일 제2023-000173호
주소 | 서울시 마포구 월드컵북로98, 2층 202호
전화 | 070-4200-0327
팩스 | 070-7966-9327
전자우편 | myys327@gmail.com
ISBN | 979-11-94260-02-8(43190)
정가 | 15,000원